CB054275

FICHA CATALOGRÁFICA
(Preparada na Editora)
Xavier, Francisco Cândido, 1910-2002.

X19c Caminho Espírita / Francisco Cândido Xavier, Espíritos Diversos. Prefácio de Emmanuel. Araras, SP, 13ª edição, IDE, 2016.
(Edições CEC, Uberaba, MG, 1967-1973.)
224 p.
ISBN 978-85-7341-683-1
1. Espiritismo 2. Psicografia - Mensagens I. Espíritos Diversos. II. Título.

CDD-133.9
-133.91

Índices para catálogo sistemático:
1. Espiritismo 133.9
2. Psicografia: Mensagens: Espiritismo 133.91

EMMANUEL *e Amigos*

Caminho

Espírita

CHICO XAVIER

ide

ISBN 978-85-7341-683-1
13ª edição - março/2016
5.000 exemplares
(57.001 ao 62.000)

Conselho Editorial:
Hércio Marcos Cintra Arantes
Doralice Scanavini Volk
Orson Peter Carrara
Wilson Frungilo Júnior

Coordenação:
Jairo Lorenzetti

Revisão de texto:
Mariana Frungilo

Capa:
César França de Oliveira

Diagramação:
Maria Isabel Estéfano Rissi

INSTITUTO DE DIFUSÃO ESPÍRITA - IDE
Av. Otto Barreto, 1067 - Cx. Postal 110
CEP 13600-970 - Araras/SP - Brasil
Fone (19) 3543-2400
CNPJ 44.220.101/0001-43
Inscrição Estadual 182.010.405.118
www.ideeditora.com.br
editorial@ideeditora.com.br

Todos os direitos reservados. Nenhuma parte desta publicação pode ser reproduzida, armazenada ou transmitida, total ou parcialmente, por quaisquer métodos ou processos, sem autorização do detentor do copyright.

EMMANUEL e *Amigos*

Caminho

Espírita

CHICO XAVIER

ide

ÍNDICE

CAMINHO ESPÍRITA, Emmanuel 11
1 - **TUA LÂMPADA**, Emmanuel 15
2 - **TUA MENSAGEM**, Emmanuel 19
3 - **DIA A DIA**, Emmanuel 21
4 - **AUXILIEMOS**, Emmanuel 25
5 – **NÃO TE IMPACIENTES**, Emmanuel 29
6 – **TODOS PODEMOS**, Albino Teixeira 33
7 – **NÃO PERCA**, André Luiz 35
8 – **APELO ESPÍRITA**, Albino Teixeira 37
9 – **CONTRASSENSOS**, Emmanuel 39
10 – **EXERCÍCIOS DE COMPAIXÃO**, Albino Teixeira 41
11 – **KARDEC**, Emmanuel 43
12 – **MEDIUNIDADE E ESTUDO**, Albino Teixeira 45
13 – **ROGATIVA DO OUTRO**, Meimei 47
14 – **REFLEXÃO ESPÍRITA**, Albino Teixeira 49
15 – **LIVRO ESPÍRITA E VIDA**, Emmanuel 51
16 – **ROTA ESPÍRITA**, Albino Teixeira 53
17 – **EM TODOS OS CAMINHOS**, Emmanuel 55
18 – **RECEITA ESPÍRITA**, Albino Teixeira 57
19 – **ENFERMIDADE**, Emmanuel 59
20 – **ANOTAÇÃO ESPÍRITA**, Albino Teixeira 63
21 – **BILHETE PATERNAL**, Irmão X 65
22 – **IDENTIFICAÇÃO ESPÍRITA**, Albino Teixeira 69

23 – PARA SER FELIZ, Emmanuel 71
24 – VIVÊNCIA ESPÍRITA, Albino Teixeira 73
25 – CULTURA ESPÍRITA, Emmanuel 75
26 – NECESSIDADE E SOCORRO, Albino Teixeira 77
27 – DEUS PRIMEIRO, Emmanuel 79
28 – MEDIUNIDADE E DÚVIDA, Emmanuel 81
29 – LIVRO ESPÍRITA, Albino Teixeira 85
30 – NA HORA DA CRÍTICA, Emmanuel 87
31 – INDEPENDÊNCIA ESPÍRITA, Albino Teixeira 89
32 – ORAÇÃO DIANTE DA PALAVRA, Meimei 91
33 – FÁCIL E DIFÍCIL, Albino Teixeira 93
34 – NA HORA DO DESÂNIMO, Emmanuel 95
35 – PRÁTICA ESPÍRITA, Albino Teixeira 99
36 – EMERGÊNCIA, Emmanuel 101
37 – MEDIUNIDADE E INTERCÂMBIO, Albino Teixeira 103
38 – AUXILIA TAMBÉM, André Luiz 105
39 – GRUPO NO GRUPO, Albino Teixeira 107
40 – MÉRITO, Emmanuel 109
41 – SOLUÇÃO NATURAL, Hilário Silva 113
42 – CRÉDITOS ESPIRITUAIS, Albino Teixeira 115
43 – O ESSENCIAL, Emmanuel 119
44 – LÓGICA ESPÍRITA, Albino Teixeira 121
45 – TRAÇOS DO CARÁTER ESPÍRITA, André Luiz 123
46 – PRESENÇA ESPÍRITA, Albino Teixeira 125
47 – SABER E FAZER, Emmanuel 127
48 – NOSSO DEVER, Albino Teixeira 131
49 – DIANTE DE TUDO, Bezerra de Menezes 133
50 – ESPIRITISMO E NÓS, Albino Teixeira 135
51 – DESGOSTO, Emmanuel 137
52 – ATÉ E DEPOIS, Albino Teixeira 141

53	– FALTAS, EMMANUEL	145
54	– APLICAÇÃO ESPÍRITA, ALBINO TEIXEIRA	147
55	– ANJOS DESCONHECIDOS, EMMANUEL	149
56	– INFLUÊNCIA ESPÍRITA, ALBINO TEIXEIRA	153
57	– PERDOADOS, MAS NÃO LIMPOS, EMMANUEL	155
58	– TELAS DE SERVIÇO, ALBINO TEIXEIRA	159
59	– PEQUENO APÓLOGO, EMMANUEL	161
60	– FENÔMENOS MEDIÚNICOS, ALBINO TEIXEIRA	163
61	– A QUEM MAIS TEM, EMMANUEL	165
62	– CARIDADE – A NOSSA BANDEIRA, FABIANO	167
63	– VOLTARÁS POR AMOR, EMMANUEL	169
64	– DISCERNIMENTO, ALBINO TEIXEIRA	171
65	– RESSENTIMENTO, EMMANUEL	173
66	– LIBERTAÇÃO ESPIRITUAL, ALBINO TEIXEIRA	175
67	– EM NÓS, EMMANUEL	177
68	– EDIFICAÇÃO, ALBINO TEIXEIRA	181
69	– TUA PROSPERIDADE, EMMANUEL	185
70	– PRODÍGIOS DA FÉ, ALBINO TEIXEIRA	189
71	– DIANTE DA CONSCIÊNCIA, EMMANUEL	191
72	– ORAÇÃO E SERVIÇO, ALBINO TEIXEIRA	195
73	– LIMPEZA, ALBINO TEIXEIRA	197
74	– PACIÊNCIA E NÓS, EMMANUEL	199
75	– O SINAL ESPÍRITA, ALBINO TEIXEIRA	201
76	– PENSE NISSO, ANDRÉ LUIZ	203
77	– FÉRIAS ESPÍRITAS, ALBINO TEIXEIRA	205
78	– UNICAMENTE DE TI, EMMANUEL	209
79	– PROGRAMA ESPÍRITA, ALBINO TEIXEIRA	211
80	– ORAÇÃO DO SERVO IMPERFEITO, ALBINO TEIXEIRA	213
	DEPOIMENTO DE FRANCISCO CÂNDIDO XAVIER	216

"P – O que é ser espírita?

R – Ser espírita, segundo Allan Kardec, o Codificador da Doutrina Espírita, é ser o cristão genuíno, com a obrigação de pautar a vida pelos ensinamentos de Nosso Senhor Jesus Cristo, dentro da liberdade de raciocinar e discernir no campo da própria fé."

Trecho extraído do livro *No Mundo de Chico Xavier*, Francisco Cândido Xavier/ Emmanuel, edição IDE Editora.

CAMINHO ESPÍRITA

Há caminhos, os mais diversos, tanto quanto existem princípios religiosos, os mais diferentes. E se as estradas, sejam quais sejam, expressam-se por vias de comunicação, no plano físico, as religiões, de qualquer procedência, são vias de intercâmbio, no reino da alma.

Fácil verificar que se temos caminhos agrestes, nas vastidões do campo, surpreendemos religiões primitivas em paragens remotas da Terra; se contamos com estradas particulares, unicamente abertas aos que jazem segregados no critério de elite, identificamos sistemas de fé somente acessíveis aos que se comprazem na ideia exclusivista do privilégio; se dispomos de trilhas improvisadas, absolutamente distantes de qualquer sentido de estabilidade ou de ordem, valendo por estreitos esboços de rodovias futuras, encontramos veredas religiosas, fundamentalmente presas à interpretação individual, carecentes de organização e de lógica, simbolizando simples esforços isolados que servirão, de algum modo, à consolidação da verdade no porvir.

Recorremos a semelhantes imagens para definir a Doutrina Espírita, como sendo atualmente a avenida segura de nossos interesses imperecíveis – lembrando rodovia legalmente constituída ante os Poderes Superiores da Vida –, administrada à luz dos códigos de trânsito, formados na base da justiça igual para a comunidade dos viajantes. Nela, a Doutrina Espírita, que revive os ensinamentos do Cristo de Deus, possuímos a Religião Universal do Amor e da Sabedoria, cujas diretrizes funcionam na consciência de cada um, com amparo e orientação para todos e sem favoritismo ou exclusão para ninguém, tão válidos na Terra, quanto em qualquer outro Lar Planetário da imensa família cósmica.

Ofertando-te, pois, este livro despretensioso, leitor amigo, nada mais fazemos nós, os companheiros desencarnados, que reunir lembretes-sinais de proveito à vossa jornada, através do reino interior da alma, onde, *tantas vezes, nos inquietamos, à frente de problemas e desafios, quais encruzilhadas e nevoeiros, induzindo-nos às dificuldades ou à indecisão.*

Estudemo-lo, juntos, nos minutos que nos sobrem, entre os afazeres cotidianos – passos obrigatórios e rápidos a que somos levados na trilha do tempo –, e compreenderemos que o caminho espírita é a estrada real da criatura com todas as indicações exatas para a viagem de nosso aperfeiçoamento e libertação.

EMMANUEL

1

TUA LÂMPADA

Tua fé viva! – tua lâmpada. Zelarás por tua lâmpada para que as perturbações do caminho não te mergulhem nas trevas.

O serviço é a chama que lhe define a vida, a compaixão é o óleo que a sustenta.

Clareia a estrada para os que se acolhem na sombra e segue adiante!... Vê-los-ás tresmalhados no grande tumulto... Entre eles, encontramos os que se julgam em liberdade, quando não passam de cativos da ignorância e do ódio; os que deliram na ambição desregrada, pisando o cairel de pavorosas desilusões, os que estadeiam soberbia nas eminências do mundo, admitindo-se encouraçados de poder, sem perceberem o abismo que os espreita; os que fizeram da vida culto incessante a todos os excessos e para quem a morte breve surgirá por freio de contenção... E com eles se agitam aqueles outros que desprezaram as vantagens do sofrimento, transformando o benefício da dor em cárcere de revolta; os que descreram do trabalho e se enredaram no crime; os que desertaram da consciência atirando-se ao fogo do remorso e os que perderam a fé, incapazes de sentir a bênção de Deus que lhes brilha no coração!...

Unge de amor o pensamento transviado de todos os que se demoram na retaguarda, enlouquecidos por sinistros enganos e derrama o bálsamo do conforto nas feridas abertas de quantos se afligem na estrada, sob a névoa do desespero!...

Para isso, não contes dificuldades, nem relaciones angústias. Auxilia e ama sempre.

Se garras de incompreensão ou de injúria te assaltaram na marcha, entrega os tesouros que carregas, abençoando as mãos que te firam ou te despojem, mas alça a tua flama de confiança e caminha.

Cada golpe desferido na alma é renovação que aparece, cada espinho que se nos enterra na carne do sonho é flor de verdade e enriquecer-nos o futuro, cada lágrima vertida nos alimpa a visão!...

Tua fé viva! – tua lâmpada!...

Faze-a fulgir, acima de tuas próprias fraquezas, para que, um dia, possas transfigurá-la em estrela de eterna alegria, nos cimos da Grande Luz.

EMMANUEL

2

TUA MENSAGEM

Tua mensagem não se constitui apenas do discurso ou do título de cerimônia com que te apresentas em plano convencional; é a essência de tuas próprias ações, a exteriorizar-se de ti, alcançando os outros.

Sem que percebas, quando te diriges aos companheiros para simples opiniões, em torno de sucessos triviais do cotidiano, está colocando o teu modo de ser no que dizes; ao traçares ligeira frase, num bilhete aparentemente sem importância, derramas o conteúdo moral de teu coração naquilo que escreves, articulando referência determinada, posto que breve, apontas o rumo de tuas inclinações; em adquirindo isso ou aquilo, entremostras o próprio senso de escolha; elegendo distrações, patenteias por elas os interesses que te regem a vida íntima...

Reflete na mensagem que expedes, diariamente, na direção da comunidade.

As tuas ideias e comentários, atos e diretrizes voam de ti, ao encontro do próximo, à feição das sementes que são transportadas para longe das árvores que as produzem.

Cultivemos amor e justiça, compreensão e bondade, no campo do espírito.

Guarda a certeza de que tudo quando sintas e penses, fales e realizes é substância real de tua mensagem às criaturas e é claramente pelo que fazes às criaturas que a lei de causa e efeito, na Terra ou noutros mundos, te responde, em zelando por ti.

EMMANUEL

3

DIA A DIA

Nas curtas viagens do dia-a-dia, todos nós encontramos o próximo, para cuja dificuldade somos o próximo mais próximo.

Imaginemo-nos, assim, numa excursão de cem passos que nos transporte do lar à rua. Não longe, passa um homem que não conseguimos, de imediato, reconhecer.

"Quem será? – perguntamos em pensamento.

E a Lei de Amor no-lo aponta como alguém que precisa de algo:

se vive em penúria, espera socorro;

se abastado, solicita assistência moral, de

maneira a empregar, com justiça, as sobras de que dispõe;

se aflito, pede consolo;

se alegre, reclama apreço fraterno, para manter-se ajustado à ponderação;

se é companheiro, aguarda concurso amigo;

se é adversário, exige respeito;

se benfeitor, requer cooperação;

se malfeitor, demanda piedade;

se doente, requisita remédio;

se é dono de razoável saúde, precisa de apoio a fim de que a preserve;

se ignorante, roga amparo educativo;

se culto, reivindica estímulo ao trabalho, para desentranhar, a benefício dos semelhantes, os tesouros que acumula na inteligência;

se é bom, não prescinde de auxílio para fazer-se melhor;

se é menos bom, espera compaixão, que o integre na dignidade da vida.

Ante o ensino de Jesus, pelo samaritano da caridade, poderemos facilmente entender que os outros necessitam de nós, tanto quanto necessitamos dos outros. E, para atender às nossas obrigações, no socorro mútuo, comecemos, à frente de qualquer um, pelo exercício espontâneo da compreensão e da simpatia.

EMMANUEL

4

AUXILIEMOS

Os que tombaram em sofrimento!...
Deixa que a voz deles te alcance a vida.

Não te presumas tão longe. Frequentemente, o espaço que os distancia não é senão aquele que te separa do lar vizinho.

Enquanto nos detemos, pensando nas lágrimas que lhes encharcam as horas, é possível estejam a poucos metros de nós, carregando fadiga e desilusão.

Há os que talvez procurem mostrar um sorriso, após remover os sinais de pranto do rosto desfigurado em penúria e os que, não obstante possuírem todos os excessos de uma existência faustosa, acalentam a ideia do suicídio, crendo seja a fuga a única solução para as dificuldades a que se arrojaram imprevidentes.

Muitos abraçaram empresas delituosas, adquirindo tormentos de espírito, ao pé de outros tantos que escalaram a barranca da vaidade, despencando em precipícios de treva.

Deixa que te visitem o espelho da consciência!...

Vê-los-ás, sentindo-te por baliza de extensa caravana de angústia!...

Dói contemplar não somente os adultos algemados à provação, mas também as crianças e jovens espoliados de afeto, que a necessidade, em muitas ocasiões, relega ao espinheiro da enfermidade ou à vala do vício!

Se desfrutas saúde, se tens algum tempo disponível, se possuis influência ou se reténs essa ou aquela sobra da bolsa, colabora para que se reduzam o desespero e a aflição que ainda lavram na Terra!...

Não exijas, porém, a alheia gratidão para auxiliar.

Ainda mesmo que os necessitados de teu

concurso transportem no peito corações empedernidos na sombra do mal, dos quais não te é lícito aproximar, por enquanto, a fim de que não patrocines a irreflexão ou a desordem, ora por eles e ampara-os de maneira indireta!...

As mães dos obsessores e dos ingratos, ainda quando desencarnadas, estão vivas!... Elas vibram de esperança e felicidade com os teus gestos de amor e te dirão, em preces de alegria, no silêncio da alma: "Deus te guarde e abençoe!"

Emmanuel

5

NÃO TE IMPACIENTES

A Paternidade Divina é amor e justiça para todas as criaturas.

Quando os problemas do mundo te afogueiam a alma, não abras o coração à impaciência, que ela é capaz de arruinar-te a confiança.

Quantos perderam as melhores oportunidades da reencarnação, unicamente por se haverem abraçado com o desespero!

A impaciência é comparável à força negativa que, muitas vezes, inclina o enfermo para a morte, justamente no dia em que o organismo entra em recuperação para a cura.

Se queres o fruto, não despetales a flor.

Nas situações embaraçosas, medita caridosamente nos empeços que lhe deram origem! Se um irmão faltou ao dever, reflete nas dificuldades que se interpuseram entre ele e os compromissos assumidos. Se alguém te nega um favor, não te acolhas a desânimo ou frustração, de vez que, enquanto não chegarmos ao plano da Luz Divina, nem sempre nos será possível conhecer, de antemão, tudo o de bom ou de mal que poderá sobrevir daquilo que nós pedimos. Não te irrites diante de qualquer obstáculo, porquanto reclamações ou censuras servirão apenas para torná-los maiores.

Quase sempre, a longa expectativa em torno de certas concessões que disputamos, não é senão o amadurecimento do assunto para que não falhem minudências importantes.

Não queremos dizer que será mais justo te acomodes à inércia. Desejamos asseverar que impaciência é precipitação e precipitação redunda em violência.

Para muitos, a serenidade é a preguiça vestida de belas palavras. Os que vivem, porém, acordados para as responsabilidades que lhes são próprias sabem que paciência é esperança operosa: recebem obstáculos por ocasiões de trabalho e provações por ensinamentos.

Aguarda o melhor da vida, oferecendo à vida o melhor que puderes.

O lavrador fiel ao serviço espera a colheita, zelando a plantação.

A casa nasce dos alicerces, mas, para completar-se pede atividades e esforços de acabamento.

Não te irrites.

Quem trabalha pode contar com o tempo. Se a crise sobrevém na obra a que te consagras, pede a Deus não apenas te abençoe a realização em andamento, mas também a força precisa para que saibas compreender e servir, suportar e esperar.

EMMANUEL

6

TODOS PODEMOS

Nem todos revelamos grandeza, mas todos podemos cultivar humildade.

Nem todos demonstramos conhecimentos superiores, mas todos podemos estudar.

Nem todos conseguimos sustentar, economicamente, as boas obras, mas todos podemos efetuar essa ou aquela prestação de serviço.

Nem todos guardamos a competência ou o dom de curar, mas todos podemos, de um modo ou de outro, auxiliar aos nossos irmãos enfermos.

Nem todos estamos habilitados para mandar, mas todos podemos servir.

Nem todos somos heróis, mas todos podemos ser sinceros, justos e bons.

Nem todos nos achamos em condições de realizar muito no socorro aos que sofrem, mas todos podemos oferecer algo de nós, em favor deles.

Espíritas, irmãos! Não alegueis indigência, pequenez, fraqueza, incapacidade ou ignorância para desertar do trabalho a que somos chamados. Comecemos, desde agora, a edificação do Reino de Deus, em nós e em torno de nós, através do serviço que já possamos fazer.

ALBINO TEIXEIRA

7

NÃO PERCA

Não perca a esperança.

Há milhões de pessoas aguardando os recursos de que você já dispõe.

Não perca o bom humor.

Em qualquer acesso de irritação, há sempre um suicidiozinho no campo de suas forças.

Não perca a tolerância.

É muita gente a tolerar você naquilo que você ainda tem de indesejável.

Não perca a serenidade.

O problema pode não ser assim tão difícil quanto você pensa.

Não perca a humildade.

Além da planície, surge a montanha, e, depois da montanha, aparece o horizonte infinito.

Não perca o estudo.

A própria morte é lição.

Não perca a oportunidade de servir aos semelhantes.

Hoje e amanhã, você precisará de concurso alheio.

Não perca tempo.

Os dias voltam, mas os minutos são outros.

Não perca a paciência.

Recorde a paciência inesgotável de Deus.

André Luiz

8

APELO ESPÍRITA

Irmão, faze:

de cada ensinamento que recebes, uma instrução do Plano Superior;

de cada tarefa, por mínima que seja, uma realização em que deixes os melhores sinais de tua presença;

de cada conversão, um entendimento construtivo;

de cada conversação, um mensageiro de tua cooperação, no levantamento da felicidade geral;

de cada relação nova, uma sementeira de bênçãos;

de cada necessitado, um irmão que te espera o auxílio, em nome da Divina Paternidade;

de cada desapontamento, um teste de compreensão;

de cada experiência, um ensejo de aprender;

de cada hora, uma oportunidade de servir...

Companheiro da Terra, és o viajor em trânsito na hospedaria do mundo!... Guarda o coração e a consciência, na prática do bem, de tal modo, que possas receber, com o despertar de cada manhã, um novo renascimento na casa física e, no descanso de cada noite, um ensaio de regresso tranquilo ao teu lar verdadeiro, na Vida Espiritual.

ALBINO TEIXEIRA

9

CONTRASSENSOS

Quando a gota se viu semelhante a uma gema valiosa, na folhagem da primavera, insultou o rio em que se formara: Sai da frente, monstro do chão.

Quando o tronco se agigantou diante do firmamento, blasfemou contra a própria raiz: Não me sujes os pés.

Quando o vaso passou pela cerâmica em que nascera, gritou, revoltado: Não suporto essa lama.

Quando o ouro se ajustou ao palácio, indagou da terra que o produzira: Que fazes aí, barro escuro?

Quando a seda brilhou, na pompa da festa,

disse à lagarta que lhe dera a existência: Não te conheço, larva mesquinha.

Quando a pérola fulgiu, soberana, exigiu da ostra em que se criara: Não te abeires de mim.

Quando o arco-íris se reconheceu admirado pelo pintor, acusou o Sol de que se fizera: Não me roubes a luz.

Copiando esses contrassensos figurados da Natureza, o homem insensato, quando erguido ao pedestal do orgulho pelos abusos da inteligência, costuma escarnecer de si próprio, afirmando jactancioso: "A vida é poeira e nada, e Deus é ilusão".

EMMANUEL

10

EXERCÍCIO DE COMPAIXÃO

Se fosses o pedinte agoniado que estende a mão à bondade pública...

Se fosses a mãezinha infeliz, atormentada pelo choro dos filhinhos que desfalecem de fome...

Se fosses a criança que vagueia desprotegida à margem do lar...

Se fosses o pai de família, atribulado, ante a doença e a penúria que lhe devastam a casa...

Se fosses o enfermo desamparado, suplicando remédio...

Se fosses a criatura caída em desvalimento, implorando compreensão...

Se fosses o absidiado, carregando inomináveis suplícios interiores, para desvencilhar-se das trevas...

Se fosses o velhinho atirado às incertezas da rua...

Se fosses o necessitado que te roga socorro, decerto perceberias com mais segurança a função da fraternidade para sustento da vida.

Se estivéssemos no lado da dificuldade maior que a nossa, compreenderíamos, de imediato, o imperativo da caridade incessante e do auxílio mútuo.

Reflitamos nisso. E nós, que nos afeiçoamos a estudos diversos, com vistas à edificação da felicidade e ao aperfeiçoamento do mundo, façamos, quanto possível, semelhante exercício de compaixão.

Albino Teixeira

11

KARDEC

Lembrando o Codificador da Doutrina Espírita, é imperioso estejamos alertas em nossos deveres fundamentais.

Convençamo-nos de que é necessário:

sentir Kardec;

estudar Kardec;

anotar Kardec;

meditar Kardec;

analisar Kardec;

comentar Kardec;

interpretar Kardec;

cultivar Kardec;

ensinar Kardec;

divulgar Kardec;

Que é preciso cristianizar a Humanidade é afirmação que não padece dúvida; entretanto, cristianizar, na Doutrina Espírita, é raciocinar com a verdade e construir com o bem de todos, para que, em nome de Jesus, não venhamos a fazer sobre a Terra mais um sistema de fanatismo e de negação.

EMMANUEL

12

MEDIUNIDADE E ESTUDO

O dinheiro em si não é bom, nem mau.

Instrumento neutro, é capaz de criar a abastança ou estimular a miséria, dependendo isso daqueles que o retêm.

A eletricidade em si não é boa, nem má.

Energia neutra, é capaz de engrandecer o trabalho ou precipitar o desastre, dependendo isso daqueles que a manejam.

O magnetismo em si não é bom, nem mau.

Agente neutro, é capaz de gerar o bem ou produzir o mal, dependendo isso daqueles que o dirigem.

Assim também, é a mediunidade, que não é boa e nem má em si mesma.

Força neutra, é capaz de promover a educação ou acalentar a ignorância, dependendo isso daqueles que a usufruem.

Para o emprego louvável do dinheiro, contamos com os preceitos morais que patrocinam o aperfeiçoamento da alma; para a utilização correta da eletricidade, possuímos os princípios de ciência que a controlam na Natureza; para a sublimação do magnetismo, temos as leis da responsabilidade pessoal que honorificam a consciência; e para a justa aplicação da mediunidade, dispomos dos ensinamentos do Espiritismo, consubstanciando a religião da justiça e do amor que ilumina todos os distritos do Universo.

Irmãos, estudemos a Doutrina Espírita, a fim de que possamos compreender médiuns, mediunidades e fenômenos mediúnicos.

ALBINO TEIXEIRA

13

ROGATIVA DO OUTRO

Sei que te feri sem querer, em meu gesto impensado.

Pretendias apoio e falhei, quando mais necessitavas de arrimo. Aguardavas alegria e consolo, através de meus lábios, e esmaguei-te a esperança...

Entretanto, volto a ver-te e rogo humildemente para que me perdoes.

Ouviste-me a palavra correta e julgaste-me em plena luz, sem perceberes o espinheiro de sombra encravado em minh'alma. Reparaste-me o traje festivo, mas não viste as chagas de desencanto e fraqueza que ainda trago no coração.

Às vezes, encorajo muitos daqueles que me

procuram, fatigados de pranto, não por méritos que não tenho, e sim esparzindo os tesouros de amor dos Espíritos generosos que me sustentam; contudo, justamente na hora em que me buscaste, chorava sem lágrimas, nas últimas raias da solidão. Talvez por isso, não encontrei comigo senão frieza para ofertar-te.

Releva-me o desespero quando me pedias brandura e desculpa-me o haver-te dado reprovação, quando esperavas entendimento.

Deixa, porém, que eu te abrace de novo, e, então, lerás em meus olhos estas breves palavras que me pararam na boca: perdoa-me a falta e tem dó de mim.

MEIMEI

14

REFLEXÃO ESPÍRITA

Recordemos algumas das grandes palavras-legenda da Espiritualidade Superior, no campo da vida, junto aos complementos que lhes são necessários:

Oração e serviço;

ensino e exemplo;

amor e construção;

verdade e auxílio;

fé e esclarecimento;

paz e trabalho;

cultura e préstimo;

estudo e discernimento;

entusiasmo e equilíbrio;

confiança e diligência;

renovação e melhoria;

advertência e compreensão;

tempo e proveito;

vigilância e caridade.

Refletimos no assunto, porque, se a Doutrina Espírita nos induz à convicção na imortalidade, semelhante convicção vale pouco sem ação que lhe dê coerência.

ALBINO TEIXEIRA

15

LIVRO ESPÍRITA E VIDA

O pão elimina a fome.

O livro espírita suprime a penúria moral.

O traje compõe o exterior.

O livro espírita harmoniza o íntimo.

O teto abriga da intempérie.

O livro espírita resguarda a criatura contra os perigos da obsessão.

O remédio exclui a enfermidade.

O livro espírita reanima o doente.

A cirurgia reajusta os tecidos celulares.

O livro espírita reequilibra os processos da consciência.

A devoção prepara e consola.

O livro espírita reconforta e explica.

A arte distrai e enternece.

O livro espírita purifica a emoção e impele ao raciocínio.

A conversação amiga e edificante exige ambiente e ocasião para socorrer os necessitados da alma.

O livro espírita faz isso em qualquer lugar e em qualquer tempo.

A força corrige.

O livro espírita renova.

O alfabeto instrui.

O livro ilumina o pensamento.

Certamente é dever nosso criar e desenvolver todos os recursos humanos que nos sustentem e dignifiquem a vida na Terra de hoje; todavia, quanto nos seja possível, auxiliemos a manutenção e a difusão do livro espírita que nos sustenta e dignifica a vida imperecível, libertando-nos da sombra para a luz, no plano físico e na esfera espiritual, aqui e agora, depois e sempre.

EMMANUEL

16

ROTA ESPÍRITA

Erguer-se de manhã e bendizer a vida.

Espalhar ao redor a presença do bem.

Escutar calmamente as notícias da hora.

Dar a palavra amiga. Ajudar conversando,

Dispor o coração a servir sem perguntas.

Fazer mais que o dever na tarefa em que esteja.

Suportar sem revolta as provações em curso.

Apagar a discórdia e liquidar problemas.

Estudar e entender. Discernir e elevar.

Render culto à Verdade entre bênçãos de amor.

Ver o direito alheio e respeitá-lo em tudo.

Ser fiel ao trabalho e esquecer as ofensas.

Amar fraternalmente a todas as criaturas.

Acender cada noite as estrelas da paz no abrigo da consciência em preces de alegria.

– Eis a rota ideal na jornada constante do espírita-cristão, à luz de cada dia.

Albino Teixeira

17

EM TODOS OS CAMINHOS

Seja qual seja a experiência, convence-te de que Deus está conosco em todos os caminhos.

Isso não significa omissão de responsabilidade ou exoneração da incumbência de que o Senhor nos revestiu. Não há consciência sem compromisso, como não existe dignidade sem lei.

O peixe mora gratuitamente na água, mas deve nadar por si mesmo. A árvore, embora não pague imposto pelo solo a que se vincula, é chamada a produzir conforme a espécie.

Ninguém recebe talentos da vida para escondê-los em poeira ou ferrugem.

Nasceste para realizar o melhor. Para isso, é

possível te defrontes com embaraços naturais ao próprio burilamento, qual a criança que se esfalfa compreensivelmente nos exercícios da escola. A criança atravessa as provas do aprendizado sob a cobertura da educação que transparece do professor. Desempenhamos as nossas funções com o apoio de Deus.

Se o conhecimento exato da Onipresença Divina ainda não te acode à mente necessitada de fé, pensa no infinito das bênçãos que te envolvem, sem que despendas mínimo esforço. Não contrataste engenheiros para a garantia do Sol que te sustenta e nem assalariaste empregados para a escavação de minas de oxigênio na atmosfera, a fim de que se renove o ar que respiras.

Reflete, por um momento só, nas riquezas ilimitadas ao teu dispor nos reservatórios da natureza e compreenderás que ninguém vive só.

Confia, segue, trabalha e constrói para o bem. E guarda a certeza de que, para alcançar a felicidade, se fazes teu dever, Deus faz o resto.

EMMANUEL

18

Receita Espírita

Pensamento sombrio?

Alguns instantes de prece.

Irritação?

Silêncio de meia hora pelo menos.

Tristeza?

Ampliação voluntária da quota de trabalho habitual.

Impulso à crítica destrutiva?

Observemos as nossas próprias fraquezas.

Desejo de censurar o próximo?

Um olhar para dentro de nós mesmos.

Solidão?

Auxiliar a alguém que, em relação a nós, talvez se encontre mais sozinho.

Tédio?

Visita a um hospital para que se possa medir as próprias vantagens.

Ofensa?

Perdoar e servir mais amplamente.

Ressentimento?

Olvido de todo mal.

Fracasso?

Voltar às boas obras e começar outra vez.

Albino Teixeira

19

ENFERMIDADE

Enquanto nos escasseie educação, nos domínios da mente, a enfermidade, por mortificação involuntária, desempenhará expressivo papel em nossa vida espiritual.

Na maioria das circunstâncias, somos nós quem lhe pede a presença e o concurso, antes da reencarnação, no campo da existência física, à maneira do viajor, encomendando recursos de segurança para a travessia do mar; e, em ocasiões outras, ela constitui auxílio de urgência, promovido pela bondade dos amigos, que se erigem, nas esferas superiores, à condição de patronos da nossa libertação para a Vida Maior.

À face de semelhante motivo, doenças existem de múltiplas significações, como sejam:

inibições trazidas do berço – moléstias-amparo, comboiando votos de melhoria moral;

dermatoses recidivantes – moléstias-proteção, coibindo desmantelos do sentimento;

mutilações congênitas – moléstia-refúgio, impedindo a queda em atos de violência ou venalidade;

incômodos imprevistos – moléstias-socorro, evitando o mergulho da alma em compromissos inferiores;

males de longo curso – moléstias-abrigo, obstante do enredamento da criatura nas tramas da obsessão.

Certamente, ninguém deve acalentar desequilíbrios orgânicos sob a desculpa de buscar a purificação da vida interior.

O corpo físico é para a alma encarnada aquilo que a máquina significa, à frente do operário – instrumento de serviço e progresso, que ele recebe de autoridade maior, a fim de produzir, a benefício dos outros e de si próprio, cabendo-lhe a obrigação de assisti-lo constantemente e restaurá-lo sempre que necessário.

Todavia, diante da doença que persiste no corpo, a despeito de todas as medidas acautelatórias e defensivas, é imperioso reconhecer-lhe a função providencial e tratá-la com a certeza de quem carrega consigo a luz de uma bênção.

EMMANUEL

20

ANOTAÇÃO ESPÍRITA

Cada criatura, na esfera da evolução, requisita certos ingredientes, com vistas à obtenção de plenitude espiritual para a alegria de viver, tais quais sejam:

luz na consciência;

equilíbrio no coração;

discernimento no caminho;

lógica na conduta;

raciocínio na fé;

desprendimento na posse;

ponderação na abastança;

resignação na escassez;

estímulo ao trabalho;

paz na luta;

consolo no sofrimento;

humildade na vitória;

renovação no fracasso;

amparo na queda;

esperança na tristeza;

resistência na prova;

sustentação no dever;

força no sacrifício.

Sempre que você puder socorrer alguém, nas necessidades reais da alma, dê a esse alguém a bênção de um livro espírita.

ALBINO TEIXEIRA

21

BILHETE PATERNAL

Sim, meu filho, talvez por um capricho dos seus treze anos, você deseja receber um bilhete do amigo desencarnado, cujas páginas começou a ler.

Você – um menino! – solicita orientação espiritual.

Tenho escrito muitas cartas depois da morte, mas sinceramente não me recordo de haver dirigido até hoje, qualquer recado a gente verde do seu porte.

Perdoe se não lhe correspondo à expectativa.

Diz você que não espera uma história da carochinha, baseada em gênios protetores. E remata:

"quero, irmão X, que você me diga quais são

as coisas mais importantes da vida, apontando-me aquilo de bom que devo querer e aquilo de mau que preciso evitar."

Lembro-me, assim, de oferecer a você uma lista curiosa que um velho amigo me ofereceu, aí no mundo, precisamente quando eu tinha a sua idade.

A relação, apresentava o título "APRENDA, MEU FILHO..." e continha as seguintes informações:

1 – O maior e melhor amigo: *"Deus."*

2 – Os melhores companheiros: *"Os pais"*.

3 – A melhor casa: *"O lar."*

4 – A maior felicidade: *"A boa consciência."*

5 – O mais belo dia: *"Hoje."*

6 – O melhor tempo: *"Agora."*

7 – A melhor regra para vencer: *"A disciplina."*

8 – O melhor negócio: *"O trabalho."*

9 – O melhor divertimento: *"O estudo."*

10 – A coleção mais rica: *"A das boas ações."*

11 – A estrada mais fácil para ser feliz: *"O caminho reto."*

12 – A maior alegria: *"Dever cumprido."*

13 – A maior força: *"O bem."*

14 – A melhor atitude: *"A cortesia."*

15 – O maior heroísmo: *"A coragem de ser bom."*

16 – A maior falta: *"A mentira."*

17 – A pior pobreza: *"A preguiça."*

18 – O pior fracasso: *"O desânimo."*

19 – O maior inimigo: *"O mal."*

20 – O melhor dos esportes: *"A prática do bem."*

Leia esta lista de informações, sempre que você puder, e veja por si como vai indo a sua orientação.

E se quer mais um aviso de amigo velho, cada noite acrescente esta pergunta a você mesmo, depois de sua oração para o repouso:

– Que fiz hoje de bom que somente um amigo de Jesus conseguiria fazer?

IRMÃO X

22

IDENTIFICAÇÃO ESPÍRITA

O espírita é aquele servidor do Evangelho que, no campo da observação:

lê tudo;

ouve tudo;

vê tudo;

e analisa tudo;

mas retém apenas a substância que lhe seja de proveito real;

na esfera da vivência:

respeita a todos;

serve a todos;

lida com todos;

e trabalha na senda de todos;

mas permanece tão-somente com aqueles que estão procurando o caminho de acesso ao Reino de Deus.

Entre a observação e a vivência, ele pratica:

todo o bem que pode;

onde pode;

como pode;

e quando pode.

Em suma, é possível identificar o espírita como um companheiro de Jesus Cristo na experiência humana, que nem sempre faz aquilo que quer, mas faz constantemente aquilo que deve.

ALBINO TEIXEIRA

23

PARA SER FELIZ

"*E não nos cansemos de fazer o bem, porque a seu tempo ceifaremos, se não houvermos desfalecido.*" – PAULO. (Gálatas, 6:9)

Confia em Deus.

Aceita no dever de cada dia a vontade do Senhor para as horas de hoje.

Não fujas da simplicidade.

Conserva a mente interessada no trabalho edificante.

Detém-te no "lado bom" das pessoas, das situações e das coisas.

Guarda o coração sem ressentimento.

Cria esperança e otimismo onde estiveres.

Reflete nas necessidades alheias, buscando suprimi-las ou atenuá-las.

Faze todo o bem que puderes, em favor dos outros, sem pedir remuneração.

Auxilia muito.

Espera pouco.

Serve sempre.

Espalha a felicidade no caminho alheio, quanto seja possível.

Experimentemos semelhantes conceitos na vida prática e adquiriremos a luminosa ciência de ser feliz.

EMMANUEL

24

VIVÊNCIA ESPÍRITA

Nos mais complexos e nos mais simples elementos da Natureza, encontramos o desafio à ação.

Um transatlântico erigir-se-á por maravilha de técnica, efetuada à custa de centenas de artífices, mas, se não enfrenta os perigos do mar alto, em auxílio do homem, descansará indefinidamente no cais, à feição de prodígio em ponto morto.

Uma biblioteca se destacará por celeiro de ensinamentos, reunindo os melhores autores, mas, se não é compulsada na formação de cultura, estará reduzida à condição de mausoléu do pensamento.

De maneira análoga, temos a convicção espírita em nossas vidas. Ela poderá representar a dádiva de numerosos benfeitores desencarnados, o apoio de muitos amigos, a cura de males diversos ou o tesouro de consolação acumulado por abençoadas revelações medianímicas, mas, se não rende serviço aos semelhantes ou educação em nós mesmos, não passará de promessa inútil.

É certo que, para atravessar os oceanos ou adquirir instruções na Terra, carecemos de barcos seguros e bons livros, os quais, aliás, não teriam maior significação, fora das regras de proveito e de uso.

De modo idêntico, sem a ideia espírita, ainda mesmo disfarçada sob conceitos diferentes, não alcançaremos a luz da fé raciocinada, capaz de descerrar-nos o caminho à verdade que nos fará livres; entretanto, somos forçados a reconhecer que não vale a escola do bem, sem a vivência no bem, como em nada adianta planejar sem fazer.

Albino Teixeira

25

CULTURA ESPÍRITA

Estejamos atentos à bênção da caridade, por intermédio das migalhas de luz.

Desenvolve-se a plantação, semente a semente.

Ergue-se a casa, tijolo a tijolo.

Constitui-se a mais bela sinfonia, nota a nota.

Agiganta-se o rio, gota a gota.

Surge a história, palavra a palavra.

Edifica-se a estrada mais longa, metro a metro.

Desdobra-se o tecido, fio a fio.

E o próprio século não é mais que larga faixa de tempo, a estruturar-se, minuto a minuto.

Assim também é a obra da inteligência.

Doemos à expansão da luz as nossas melhores forças, conscientes de que o esclarecimento, quanto aos nossos princípios, se realizará, de coração a coração, através de página a página, e de que a cultura espírita, capaz de operar a renovação do mundo, se fará livro a livro.

EMMANUEL

26

NECESSIDADE E SOCORRO

O homem sente fome.

Deus promove os recursos do pão.

O homem tem sede.

Deus faz o jorro da fonte.

O homem padece fraqueza.

Deus dá-lhe força.

O homem adquire doença.

Deus institui o remédio.

O homem sofre desequilíbrio.

Deus estabelece o reajuste.

O homem chora em desespero.

Deus suscita a consolação.

O homem se desvaira em pessimismo.

Deus restaura a esperança.

O homem cai na sombra da ignorância.

Deus acende a luz da instrução.

Entretanto, Deus criou a liberdade de consciência, com a responsabilidade, traçando o merecimento de cada um.

É assim que, entre a necessidade humana e o Socorro Divino, permanece a vontade do homem, que é plenamente livre para aceitar ou não o auxílio de Deus.

Albino Teixeira

27

DEUS PRIMEIRO

Caminharás, muitas vezes, no mundo, à maneira de barco no oceano revolto, sob a ameaça de soçobro, a cada momento; entretanto, pensa em Deus primeiro e encontrarás o equilíbrio que reina, inviolável, no seio dos elementos.

Se a natureza parece descer à desordem, prenunciando catástrofe, não permitas que a tua palavra se converta em agente da morte. Fala em Deus primeiro.

Antes das destruições que hoje atribulam a Humanidade, outras destruições ocorreram ontem, mas Deus plantou, em silêncio, novas cidades e novos campos onde a ventania da transformação instalara o deserto.

Se os profetas da calamidade e da negação

anunciarem o fim do mundo, traçando quadros de aflição e terror, crê em Deus primeiro, recordando que ainda mesmo da cova pequenina, em que a semente minúscula é sepultada, o Senhor faz nascer a graça do perfume e a beleza da cor, a abastança da seiva e a alegria do pão.

Se a dor te constringe o peito, em forma de angústia ou abandono, tristeza ou enfermidade, recorre a Deus primeiro.

Ele será teu refúgio na tempestade, companheiro na solidão, esperança nas lágrimas, remédio no sofrimento.

Diante de toda provação e à frente dos próprios erros, busca Deus primeiro.

Ele, que mantém as estrelas no Espaço e alimenta os vermes no abismo, ser-nos-á sustento e consolo.

Nesse ou naquele problema, quanto nessa ou naquela dificuldade, confia em Deus primeiro e sentirás que a nossa própria vida é uma bênção de luz, para sempre guardada nos braços do Amor Eterno.

EMMANUEL

28

MEDIUNIDADE E DÚVIDA

Quando a sombra da dúvida se interponha entre o campo de ação e a tua faculdade medianímica, contempla o necessitado que te espera o serviço.

Se fosses o companheiro sob o guante da enfermidade, qual se lâminas de fogo lhe cortassem as vísceras, agradecerias as mãos que se erguessem, generosas, no passe magnético em teu benefício.

Se fosses o irmão que exibe a epiderme em largas feridas, como se envergasse roupa nodulada de chagas, mostrarias imensa gratidão aos dedos que te ofertassem o fluido restaurador.

Se fosses o alienado mental, de que tanta gente se afasta, tomada de inquietação, decerto acolherias por bênção do Alto a exortação que te ajudasse a superar o desequilíbrio.

Se fosses a pessoa desesperada, nas últimas fronteiras da resistência à beira do suicídio ou do crime, revelarias reconhecimento profundo a quem te desse a frase de apaziguamento, sustando-te a queda.

Se fosses pai ou mãe, esposo ou esposa, filho ou amigo da criatura presa nas malhas da obsessão, agradecerias, feliz, a palavra renovadora de quem se expressasse na tarefa do auxílio.

Se fosses o doente, na ansiedade comatosa da despedida, abraçarias por recurso divino a prece amiga de quem te doasse serenidade e esperança para a viagem da morte.

Se trouxesses a dor contigo, não vacilarias em acreditar que o próximo tem a obrigação de estender-te consolo e enfermagem, compreensão e remédio.

O escrúpulo é naturalmente compreensível toda vez que o mal nos espreite os movimentos; contudo, ante o socorro correto à necessidade dos outros, o escrúpulo, quase sempre, é válvula à exaltação da preguiça.

Quem despende mínimo esforço no bem, recebe todo o apoio do Bem Eterno, assim como a tomada humilde e fiel recolhe da usina a força de que se mostre capaz.

Se duvidas do nosso dever de auxiliar os semelhantes, através da mediunidade, observa a obra imensa do Evangelho e pensa no que seria de nós, se Jesus houvesse duvidado de Deus.

EMMANUEL

29

LIVRO ESPÍRITA

No câmbio dos valores morais, o livro espírita pode ser:

lido – negócio importante;

cultivado – crédito permanente;

ofertado – cheque ao portador;

sustentado – rendimento constante;

extraviado – abono sem endereço;

achado – auxílio indireto;

difundido – riqueza pública;

vendido – tesouro sem preço;

emprestado – socorro imprevisto;

conservado – reserva segura.

Amparar o livro espírita e distribuí-lo é participar dos interesses da Providência Divina, realizando preciosos investimentos de luz e verdade, amor e renovação entre os homens.

Albino Teixeira

30

NA HORA DA CRÍTICA

Salientamos a necessidade de moderação e equilíbrio, ante os momentos menos felizes dos outros; entretanto, há ocasiões em que as baterias da crítica estão assestadas contra nós.

Junto de amigos, quanto de opositores, ouvimos objurgatórias e reprimendas e, não raro, tombamos mentalmente em revolta ou depressão.

Azedume e abatimento, porém, nada efetuam de construtivo. Em qualquer dificuldade, irritação ou desânimo apenas obscurecem situações ou complicam problemas.

Atingidos por acusação e censura, convém estabelecer minucioso autoexame. Articulemos o intervalo preciso, em nossas atividades, a fim de orar e refletir, vasculhando o imo da própria alma.

Analisemos, sem a mínima compaixão por nós mesmos, todos os acontecimentos que nos ditam a orientação e a conduta, sopesando fatos e desígnios que motivaram as advertências em lide, com rigorosa sinceridade. Se o foro íntimo nos aponta falhas de nosso lado, tenhamos suficiente coragem a fim de repará-las, seja solicitando desculpas aos ofendidos ou diligenciando meios de sanar os prejuízos de que sejamos causadores. Entanto, se nos identificamos atentos ao dever que a vida nos atribui, se intenção e comportamento nos deixam seguros, quanto ao caminho exato que estamos trilhando em proveito geral e não em exclusivo proveito próprio, saibamos acomodar-nos à paz e à conformidade. E, embora reclamação e tumulto nos cerquem, prossigamos adiante, na execução do trabalho que nos compete, sem desespero e sem mágoa, convencidos de que, acima do conforto de sermos imediatamente compreendidos, vige a tranquilidade da consciência, no cumprimento de nossas obrigações.

Emmanuel

31

INDEPENDÊNCIA ESPÍRITA

O espírita, em verdade, pode e deve:

estimular as boas obras, mas saber com que meios;

ler de tudo, mas saber para quê;

andar em qualquer parte, mas saber para onde;

cooperar no bem de todos, mas saber com quem convive;

prosperar, mas saber de que modo;

guardar a fé, mas saber por quê;

agir quanto deseje, mas saber o que faz;

falar o que queira, mas saber o que diz;

lutar corajosamente, mas saber com que fim; elevar-se, mas saber como.

O espírito pensa livremente, mas precisa discernir.

Albino Teixeira

32

ORAÇÃO DIANTE DA PALAVRA

Senhor!

Deste-me a palavra por semente de luz.

Auxilia-me a cultivá-la.

Não me permitas envolvê-la na sombra que projeto.

Ensina-me a falar para que se faça o melhor.

Ajuda-me a lembrar o que deve ser dito e a lavar da memória tudo aquilo que a tua bondade espera se lance no esquecimento.

Onde a irritação me procure, induze-me ao silêncio, e, onde lavre o incêndio da incompreensão ou do ódio, dá que eu pronuncie a frase calmante que possa apagar o fogo da ira.

Em qualquer conversação, inspira-me o conceito certo que se ajuste à edificação do bem, no momento exato, e faze-me vigilante para que o mal não me use, em louvor da perturbação.

Não me deixes emudecer, diante da verdade, mas conserva-me em tua prudência, a fim de que eu saiba dosar a verdade em amor, para que a compaixão e a esperança não esmoreçam, junto de mim.

Traze-me o coração ao raciocínio, sincero sem aspereza, brando sem preguiça, fraterno sem exigência e deixa, Senhor, que a minha palavra te obedeça a vontade, hoje e sempre.

MEIMEI

33

FÁCIL E DIFÍCIL

Fácil amontoar.

Difícil distribuir. `

Fácil falar.

Difícil fazer.

Fácil arrasar.

Difícil construir.

Fácil reprovar

Difícil compreender

Fácil acomodar.

Difícil realizar.

Fácil ganhar.

Difícil ceder.

Fácil crer.

Difícil discernir.

Fácil ensinar.

Difícil exemplificar.

Fácil sofrer.

Difícil aproveitar.

Qualquer pessoa, de qualquer condição, pode fazer o que é fácil; entretanto, efetuar o que é difícil pede noção de responsabilidade e burilamento íntimo. É por esse motivo que o Espiritismo, sendo em si mesmo a doutrina da fé raciocinada, para que se cumpra o imperativo evangélico do "a cada um segundo as suas obras", reclama o combustível do serviço individual, para que brilhe, em cada um de nós, o facho da educação.

Albino Teixeira

34

NA HORA DO DESÂNIMO

Desânimo em ação espírita-cristã é francamente injustificável.

Vejamos alguns apontamentos, suscetíveis de confirmar-nos o asserto.

Se fomos ludibriados, na expectativa honesta em torno de pessoas e acontecimentos, desânimo nos indicaria o propósito de infalibilidade, condição incompatível com qualquer espírito em evolução; se incorremos em falta e caímos em desalento, isso mostraria que andávamos sustentando juízo excessivamente benévolo, acerca de nós mesmos, quando sabemos que, por agora, somos simples aprendizes na escola da experiência; se esmorecemos na tarefa que nos cabe, tão-só porque outros patenteiam dentro dela competência que ainda estamos longe de alcançar, nossa tristeza destrutiva apenas nos revelaria a reduzida disposição de estudar e trabalhar, a fim de crescer, melhorar-nos e merecer; se nos desnorteamos em amargura pelo fato de algum companheiro nos endereçar advertência determinada, nesse ou naquele passo da vida, tal atitude somente nos evidenciaria o orgulho ferido, inadmissível em criaturas conscientes das próprias imperfeições; se entramos em desencanto porque entes amados estejam tardando em adquirir as virtudes que lhes desejamos, certamente estamos provisoriamente esquecidos de que também nós estagiamos, no passado, em longos trechos de incompreensão e rebeldia.

Claramente, ninguém se rejubila com falhas e logros, abusos e desilusões, mas é preciso recordar que, por enquanto, nós, os seres vinculados à Terra, somos alunos no educandário da existência e que espíritos bem-aventurados, em níveis muito superiores ao nosso, ainda caminham encontrando desafios da Vida e do Universo, a perseverarem no esforço de aprender.

Regozijemo-nos pela felicidade de já albergar conosco o desejo sadio de educar-nos e, toda vez que o desânimo nos atire ao chão da dificuldade, levantemo-nos, tantas vezes quantas forem necessárias para o serviço do bem, na certeza de que não estamos sozinhos e de que muito antes de nossos desapontamentos e de nossas lágrimas, Deus estava no clima de nossos problemas, providenciando e trabalhando.

EMMANUEL

35

PRÁTICA ESPÍRITA

Se você já consegue:

encontrar no serviço a fonte da paz;

impedir a intromissão do desânimo, à frente das boas obras, e continuar trabalhando;

ouvir a incompreensão e prosseguir compreendendo;

sustar o impulso da cólera;

guardar paciência em todas as provações;

colocar-se em lugar do próximo, nas horas difíceis;

perceber que as suas dores são iguais às dores do próximo;

auxiliar sem esperar esse ou aquele pedido de auxílio;

discernir entre consciência e conveniência e seguir a consciência por mais áspero que seja o caminho que ela esteja indicando;

e confiar, sem desfalecer, na vitória do bem, ainda mesmo quando tudo pareça sob o domínio do mal...

então guarde a certeza de que a sua prática espírita estará alcançando valioso nível de elevação.

ALBINO TEIXEIRA

36

EMERGÊNCIA

Perfeitamente discerníveis as situações em que resvalamos, imprevidentemente, para o domínio da perturbação e da sombra.

Enumeremos algumas delas nas quais renteamos claramente, com o perigo da obsessão:

cabeça desocupada;

mãos improdutivas;

palavra irreverente;

conversa inútil;

queixa constante;

opinião desrespeitosa;

tempo indisciplinado;

atitude insincera;

observação pessimista;

gesto impaciente;

conduta agressiva;

comportamento descaridoso;

apego demasiado;

decisão facciosa;

comodismo exagerado;

refeição intemperante.

Sempre que nós, os lidadores encarnados e desencarnados, com serviço na renovação espiritual nos reconhecermos em semelhantes fronteiras do processo obsessivo, proclamemos o estado de emergência no mundo íntimo e defendamo-nos contra o desequilíbrio, recorrendo à profilaxia da prece.

EMMANUEL

37

MEDIUNIDADE E INTERCÂMBIO

Alguns símiles da vida para considerarmos a importância do serviço mediúnico no serviço espiritual:

Um aviador em ação, precisando de urgente aterrissagem, descerá em qualquer parte, conquanto sujeito a acidentes de consequências imprevisíveis.

Para que o pouso se verifique nas condições desejáveis, é forçoso disponha ele de aeroporto seguro.

Um motorista, precisando alcançar apressadamente o destino, conduzirá o carro, através de qualquer matagal, conquanto sujeito a perdas e consequências imprevisíveis. Para que a viagem se verifique nas condições desejáveis, é forçoso disponha ele de rodovia correta.

Um fornecedor de maquinaria pesada, precisando transpor sem delonga um grande rio para entregar tratores a clientes necessitados, utilizará o auxílio de embarcação ligeira, conquanto sujeito a desastres de consequências imprevisíveis. Para que a carga transite nas condições desejáveis, é forçoso disponha ele de ponte firme.

Assim também, na mediunidade.

Um benfeitor desencarnado, precisando expressar-se, sem demora, no plano físico, aceitará o concurso de qualquer pessoa que lhe empreste apoio medianímico para isso, conquanto sujeito a incompreensões de consequências imprevisíveis. Para que o intercâmbio espiritual se verifique nas condições desejáveis, é forçoso disponha ele de médium preparado e lúcido, com noção de responsabilidade e reta noção do dever a cumprir.

ALBINO TEIXEIRA

38

AUXILIA TAMBÉM

O cérebro trabalha para que raciocines.

O coração trabalha para que te sustentes.

O sangue trabalha para que te equilibres.

Os nervos trabalham para que observes.

As glândulas trabalham para que te controles.

Os pulmões trabalham para que respires.

Os ossos trabalham para que te levantes.

Os cabelos trabalham para que te protejas.

O estômago trabalha para que te nutras.

Os olhos trabalham para que vejas.

Os ouvidos trabalham para que ouças.

A língua trabalha para que te exprimas.

As mãos trabalham para que construas.

Os pés trabalham para que te movas.

Entre as forças que trabalham, no teu próprio corpo, para servir-te, que fazes de ti mesmo para servir aos outros?

Ante a Lei do Senhor, o ato de servir é luz em toda a parte.

E essa Lei pede em tudo: "ajuda agora alguém".

Assim, quem nada faz, em nada se detém.

Recorda que a preguiça é o retrato da morte.

Toda a vida auxilia. Auxilia também.

André Luiz

39

GRUPO NO GRUPO

A família espírita, em cuja intimidade cooperas na seara da Verdade e do Bem, aguarda sejas para ela:

    o concurso no trabalho e o alívio na provação;

    o equilíbrio nos instantes alegres e a escora nos tempos difíceis;

    a mensagem de estímulo, na obra em realização, e a palavra de bênção, na travessia dos obstáculos;

    o refúgio de paz e o apoio fraterno;

    a observação compreensiva e a amizade real.

Assim é porque, se um Grupo Espírita é um

templo aberto à necessidade e à indagação de todas as criaturas, o grupo de trabalho que persevera dentro dele é diferente; essa equipe de corações, aos quais nos agregamos para servir, é comumente o grupo de nossas afinidades, afetos e desafetos que trazemos de existências passadas, que nem sempre estão associados a nós pelos laços consanguíneos, mas até agora jungidos ao nosso espírito por vínculos magnéticos. É nesse grupo íntimo que encontramos grandes alegrias e grandes dores, consolações e desafios, facilidades e empeços, tesouros de amor e testes de burilamento moral, entre os quais ser-nos-á possível aproveitar o tempo, com mais segurança, ressarcindo erros e aprimorando qualidades que nos facilitem acessos às vanguardas de luz.

Albino Teixeira

40

MÉRITO

No critério de inúmeros companheiros, o merecimento, por fator de facilidade e sublimação, decorrerá simplesmente do ato de crer.

Profissão de fé, no entanto, guarda o valor do título de serviço que estabelece a competência e acentua a responsabilidade.

Todos trazemos do pretérito, defeitos e provações!...

Todos carregamos o fardo de antigos débitos, mas não basta proclamemos confiança no Senhor, a fim de alijá-lo.

Necessário conduzir semelhante quisto de sombra ao calor da reforma íntima para que se converta em luz de experiência, à maneira do calhau que libera o ouro na tensão do cadinho.

Por mais vigorosa a expressão de nossos conhecimentos, nenhuma renovação surgirá para nós, se fugimos de disciplina indispensável à educação de nós mesmos – disciplina que nos eleve o nível da existência à altura dos ideais superiores que abraçamos.

As próprias comodidades materiais na civilização terrestre falam disso.

Locomotivas aprimoradas, lembrando grandes hotéis rodantes, não atingem a meta se desertarem dos trilhos.

Aviões, quais palácios voadores, tombarão em desastre se desatendem aos princípios que lhes regem os movimentos.

Decerto que a Bondade Divina brilha em toda parte, entretanto, não se sabe de lugar algum que mantenha salário sem trabalho. E o trabalho edificante, seja qual for, exige fidelidade e esforço, aplicação e obediência.

Jesus a ninguém prometeu direitos sem deveres.

Ao invés disso, ele, que transitou no caminho dos homens, invariavelmente subordinado aos interesses do Reino de Deus, convidou-nos a cooperar espontaneamente na construção do bem, advertindo-nos claramente:

– "Tomai sobre vós o meu jugo".

EMMANUEL

41

SOLUÇÃO NATURAL

Os espíritos benfeitores já não sabiam como atender à pobre senhora obsidiada.

Perseguidor a perseguida estavam mentalmente associados à maneira de polpa e casca no fruto.

Os amigos desencarnados tentaram afastar o obsessor, induzindo a jovem senhora a esquecê-lo, mas debalde.

Se tropeçava na rua, a moça pensava nele...

Se alfinetava um dedo em serviço, atribuía-lhe o golpe...

Se o marido estivesse irritado, dizia-se vítima do verdugo invisível...

Se a cabeça doía, acusava-o ...

Se uma xícara se espatifasse, no trabalho doméstico, imaginava-se atacada por ele...

Se aparecesse leve dificuldade econômica, transformava a prece em crítica ao desencarnado infeliz...

Reconhecendo que a interessada não encontrava libertação por teimosia, os instrutores espirituais ligaram os dois – a doente e o acompanhante invisível – em laços fluídicos mais profundos, até que ele renasceu dela mesma, por filho necessitado de carinho e de compaixão.

Os benfeitores descansaram.

O obsessor descansou.

A obsidiada descansou.

O esposo dela descansou.

Transformar obsessores em filhos, com a bênção da Providência Divina, para que haja paz nos corações e equilíbrio nos lares, muita vez, é a única solução.

Hilário Silva

42

CRÉDITOS ESPIRITUAIS

Não deixes que o dia se ponha sem praticares, pelo menos, uma boa ação, melhorando os próprios créditos no caminho espiritual.

Vejamos algumas receitas e sugestões ao alcance de todos:

doar um prato de alimento a quem sofre em penúria;

entregar uma peça de roupa aos que gemem no frio;

improvisar o conforto de uma criança menos feliz;

promover ainda que migalha de assistência, a benefício dessa ou daquela mãe desditosa;

oferecer um livro nobilitante;

escrever uma página de esperança e alegria aos amigos ausentes;

conter a irritação;

evitar a palavra inconveniente;

escutar, com paciência e bondade, a conversação inoportuna, no equilíbrio de quem ouve, sem elogiar a invigilância e sem condenar a inabilidade dos que falam, tocados de boa intenção;

prestar serviço desinteressado aos enfermos;

assegurar dois minutos de prosa consoladora aos doentes;

cultivar o espírito de sacrifício, em favor dos outros, seja em casa ou na rua;

plantar uma árvore proveitosa;

acrescentar a alegria dos que fazem o bem;

auxiliar, de algum modo, aos que procuram auxiliar;

encaminhar parcelas de recursos amoedados, conquanto ligeiras, a irmãos em necessidade;

de crise;
    articular algumas frases calmantes em hora

fazer;
    usar a palavra na construção do melhor a

pública.
    remover espontaneamente um perigo na via

Na base de uma boa ação por dia, terás o crédito de trezentos e sessenta e cinco boas ações por ano; se aumentares a contagem em tempo breve, somente a Contadoria Divina conseguirá relacionar a extensão de teus bens imperecíveis e o valor de teus investimentos no erário da Vida Eterna.

ALBINO TEIXEIRA

43

O ESSENCIAL

O essencial não será tanto o que reténs.

É o que dás de ti mesmo e a maneira como dás.

Não é tanto o que recebes.

É o que distribuis e como distribuis.

Não é tanto o que colhes.

É o que semeias e para que semeias.

Não é tanto o que esperas.

É o que realizas.

Não é tanto o que rogas.

É o que aceitas.

Não é tanto o que reclamas.

É o que suportas e como suportas.

Não é tanto o que falas.

É o que sentes e como sentes.

Não é tanto o que perguntas.

É o que aprendes e para que aprendes.

Não é tanto o que aconselhas.

É o que exemplificas.

Não é tanto o que ensinas.

É o que fazes e como fazes.

Em suma, na vida do espírito – a única vida verdadeira –, o essencial não é o que parece. O essencial será sempre aquilo que é.

EMMANUEL

44

LÓGICA ESPÍRITA

A Lei de Deus permite:

que desfrutemos tantas posses, quantas sejamos capazes de reter honestamente, mas espera estejamos agindo com elas, em benefício dos outros;

que tenhamos tanta cultura, quanto os recursos da própria inteligência no-lo permitam, mas espera nos empenhemos a convertê-la em realização no bem de todos;

que sejamos felizes, mas espera busquemos fazer a felicidade dos semelhantes;

que sejamos amados, mas espera nos transformemos em amor para os nossos irmãos;

que solucionemos as nossas necessidades, mas espera que não venhamos a prejudicar ninguém, no campo dos deveres em que nos achamos comprometidos;

que sejamos desculpados em nossas faltas, mas espera perdoemos sem condições as ofensas que se nos façam;

que usufruamos os bens do Universo, mas espera nos mostremos prontos a reparti-los sempre que necessário;

que se pense ou fale mal de nós, tanto quanto se queira nos círculos de nossa convivência, mas espera nos devotemos a guardar a consciência tranquila;

que erremos, em nossa condição de almas imperfeitas ainda, mas espera que na base de nossos fracassos permaneça brilhando a luz da boa intenção.

Enfim, a Lei de Deus permite sejamos quem somos, mas nos apoia ou desapoia, abate ou exalta, corrige ou favorece pelo que somos, através do que fazemos de nós, porque Deus não cogita daquilo que parece, mas daquilo que é.

ALBINO TEIXEIRA

45

Traços do caráter espírita

Humildade sem subserviência.

Dignidade sem orgulho.

Devotamento sem apego.

Alegria sem excesso.

Liberdade sem licença.

Firmeza sem petulância.

Fé sem exclusivismo.

Raciocínio sem aspereza.

Sentimento sem pieguice.

Caridade sem presunção.

Generosidade sem desperdício.

Conhecimento sem vaidade.

Cooperação sem exigência.

Respeito sem bajulice.

Valor sem ostentação.

Coragem sem temeridade.

Justiça sem intransigência.

Admiração sem inveja.

Otimismo sem ilusão.

Paz sem preguiça.

ANDRÉ LUIZ

46

Presença Espírita

O espírita que entende a doutrina que aceita, ergue-se de manhã quando o dia flameja.

Ora e agradece a Deus o privilégio santo de poder trabalhar no corpo a que se acolhe.

Se ouve o mal, fala o bem. Ajusta-se ao dever cumprindo a obrigação que a vida lhe assinala.

Na rua, estende as mãos em amparo fraterno.

Em casa, forma a paz que auxilia e constrói.

Prejudicado, esquece. Ofendido, perdoa.

Não discute, realiza. E nem pergunta, serve.

Não censura, abençoa. Nem condena, restaura.

Desce para ajudar, sem tisnar-se na sombra.

Alteia-se na luz, mas apaga-se humilde, por saber-se instrumento a serviço do Pai.

Reparte do que tem, sem reclamar louvores.

Corrige levantando e educa amando sempre.

Tolera sem revolta as provações que o ferem, transformando em bondade o fel das próprias dores.

O espírita, onde está, faz com que tudo brilhe, aperfeiçoe, melhore, engrandeça e progrida.

De alma no entendimento harmônico e profundo, faz-se fonte de amor para os males da vida, faz-se raio de sol para as trevas do mundo.

Albino Teixeira

47

SABER E FAZER

Em matéria de educação a nós mesmos, existe, comumente, um adversativo, em nossas melhores definições.

Via de regra, afirmamos, a cada trecho de nossa marcha espiritual:

sei que a morte é apenas mudança e devo corrigir-me para a Vida Maior; entretanto, estou sob o cativeiro de inúmeras imperfeições, à maneira de árvore asfixiada pela erva-de-passarinho, e não consigo renovar-me;

sei que é necessário praticar o bem para que o mal não me ensombre as horas; todavia, por mais que me esforce, não chego a vencer a preguiça que me entorpece;

sei que é urgente estudar, melhorando conhecimentos, a fim de entender os desafios do mundo e solucioná-los com segurança; contudo, não tenho tempo;

sei que é minha obrigação abraçar as boas obras, que as circunstâncias me indicam, em proveito de minha felicidade, mas receio entrar em choque com as alheias opiniões.

Sei que é preciso... – é a nossa frase trivial, diante do serviço que nos compete; no entanto, habitualmente falha o motor da vontade, no momento da ação.

Quase sempre, perdemos tempo precioso, empenhando-nos em saber o que ainda estamos muito longe de aprender, numa atitude, aliás, muito compreensível, porquanto, desejando saber dignamente, a curiosidade respeitável alenta o progresso; mas, se fizéssemos o melhor do que já conhecemos, transferindo ideais e planos superiores das linhas teóricas para o terreno da realização e da prática, desde muito estaríamos guindados à posição de numes apostolares das doutrinas redentoras que apregoamos, adiantando o relógio da evolução terrestre.

Como é fácil de anotar, nós todos, coletivamente examinados, criamos muitas dificuldades na Terra, pela ânsia de fazer sem saber, mas agravamos, consideravelmente, essas mesmas dificuldades, pelo atraso de saber e não fazer.

EMMANUEL

48

NOSSO DEVER

Por mais humilde, quando confrontando com as atividades que nos pareçam superiores, amemos o dever que a vida nos reservou.

No Plano do Universo, todo encargo é digno de apreço.

O firmamento agasalha o mundo sob imensa abóbada de estrelas; no entanto, não desempenha as atribuições do telhado doméstico.

O Sol é um espetáculo permanente de luz, mas não realiza o serviço da lâmpada.

O grande rio é um gigante de água movente; contudo, não executa em casa a função da bica.

O celeiro guarda os ingredientes do pão, mas não consegue amassá-lo.

O transatlântico transporta o salva-vidas, sem tomar-lhe a prerrogativa.

Cultivemos o nosso dever por mandato da Providência Divina.

O esforço anônimo do verme, na fecundação da terra, jaz revestido de extrema significação para ela e para ele.

Assim também, a nossa tarefa particular pode não aparecer aos olhos dos outros, no desdobramento da vida, entretanto, ela é sumamente importante para a vida e para nós.

ALBINO TEIXEIRA

49

DIANTE DE TUDO

Diante de tudo, estabelece Jesus para nós todos uma conduta básica, de que todas as providências exatas derivam para a solução dos problemas no caminho da vida.

Sombra – Caridade da luz.

Ignorância – Caridade do ensino.

Penúria – Caridade do socorro.

Doença – Caridade do remédio.

Injúria – Caridade do silêncio.

Tristeza – Caridade do consolo.

Azedume – Caridade do sorriso.

Cólera – Caridade da brandura.

Ofensa – Caridade da tolerância.

Insulto – Caridade da prece.

Desequilíbrio – Caridade do reajuste.

Ingratidão – Caridade do esquecimento.

Diante de cada criatura, exerçamos a caridade do serviço e da bênção.

Todos somos viajores na direção da Vida Maior.

Doemos amor a Deus, na pessoa do próximo, e Deus, através do próximo, dar-nos-á mais amor.

BEZERRA DE MENEZES

50

ESPIRITISMO E NÓS

Se o doente solicita receita e não aplica o remédio...

Se o aluno fichado na escola não lhe frequenta as aulas...

Se o viajante necessita chegar à estação, com passagem adquirida, e não toma o comboio...

Se o lavrador inicia a plantação e larga o trabalho à conta do vento...

Não culpe o médico, não acuse o professor, não reprove a condução, nem malsine a terra.

Assim também, o Espiritismo, junto de nós, quando lhe conhecemos os sagrados objetivos, sob a direção de Jesus.

Se nos reconhecemos necessitados de melhoria, se aspiramos à luz, se temos sede de paz, se queremos felicidade e não nos dispomos a usá-lo em nós, por instrumento da própria renovação, não nos queixemos senão de nós mesmos.

ALBINO TEIXEIRA

51

DESGOSTO

Referimo-nos habitualmente aos desgostos da vida como se nada mais tivéssemos que pensar.

Tal ocorrência sobrevém, de vez que, em nossas atuais condições evolutivas, somos ainda propensos a fixar o coração nos fenômenos do mal, extremamente desmemoriados quanto ao bem, à feição de pessoa que preferisse morar dentro de uma nuvem, à frente do Sol.

Ligeiro mal-estar obscurece-nos a harmonia interior e adotamos regime de aflição que acaba por atrair-nos moléstia grave...

Isso porque apagamos da lembrança os milhares de horas felizes que lhe antecederam o aparecimento, sem perceber que o incômodo diminuto é aviso da natureza a que retomemos posição de equilíbrio.

Breve desajuste no lar interrompe-nos a alegria e desvairamo-nos em revolta, instalando, às vezes, perigosos quistos de malquerença, no organismo familiar...

Isso porque quase nunca relacionamos os tesouros de estabilidade e euforia com que somos favorecidos em casa, longe de observar que o problema imprevisto expressa bendita oportunidade de consolidarmos o amor e a tranquilidade no instituto doméstico.

Um companheiro nos deixa a convivência e deitamos longas teorias, acerca da ingratidão, estabelecendo complicações de profundidade...

Isso porque olvidamos as afeições preciosas que nos enriquecem os dias, incompetentes que nos achamos para concluir que o amigo, tangido pelas forças espirituais com que se afina, terá buscado o tipo de experiência mais adequada aos próprios impulsos, com vantagem para ele e proveito nosso.

Insignificante desentendimento reponta na esfera profissional e exageramos o acontecido, lançando perturbação ou incrementando a desordem...

Isso porque muito dificilmente ligamos justa importância aos dotes inúmeros que recolhemos do nosso campo de trabalho, inábeis para reconhecer que o destempero havido é o ensejo de proteger e prestigiar a organização a que fomos chamados, em favor de nós mesmos.

Desgosto está efetivamente para o coração, como a poda para a árvore.

Se dissabores nos visitam, recordemos que a vida está cortando o prejudicial e o supérfluo, em nossas plantas de ideal e realização, a fim de que possamos nos renovar e melhor produzir.

EMMANUEL

52

ATÉ E DEPOIS

Frequentemente, na Terra, declaramos sofrer:

assédio de tentações;

cansaço da vida;

impaciência contínua;

desânimo sistemático;

acessos de cólera;

crises de tédio;

ingratidão de amigos;

tristeza constante;

inaptidão ao serviço;

isolamento doméstico;

ostracismo social;

desolação interior;

incerteza de rumo;

Isso é perfeitamente compreensível até a ocasião em que somos felicitados pelo conhecimento espírita; depois do conhecimento espírita, entretanto, qualquer alegação dessa natureza denota algo errado em nós, reclamando a retificação necessária.

Um professor interpreta a lição para que o aluno se liberte da ignorância.

Um médico interpreta as informações de laboratório para restabelecer o doente.

Assim também, a Doutrina Espírita interpreta o Evangelho de Jesus, através de Allan Kardec, para que venhamos a entrar na vivência da Religião do Cristo, que é a Religião do Universo.

Para todos nós, os espíritos desencarnados, que não tivemos a felicidade de renascer em berço espírita, com a noção mais ampla de nossas responsabilidades e obrigações adquiridas mais cedo, a reencarnação na Terra se divide em dois quadros distintos para julgamento diverso: o que éramos e fazíamos, antes do conhecimento espírita, e o que passamos a ser e fazer depois dele.

Albino Teixeira

53

FALTAS

É possível que o constrangimento do companheiro tenha surgido do gesto impensado de tua parte.

O gracejo impróprio ou o apontamento inoportuno teria tido efeito de um golpe.

Decerto, não alimentaste a intenção de ferir, mas a desarmonia partiu de bagatela, agigantando-se em conflito de grandes proporções.

De outras vezes, a mente adoece, conturbada.

Teremos ofendido realmente.

A cólera ter-nos-á cegado o discernimento e brandimos o tacape da injúria.

Pretendemos aconselhar e cortamos o coração de quem ouve.

Alegando franqueza, envenenamos a língua.

No pretexto de consolar, ampliamos chagas abertas.

E começa para logo a distância e a aversão.

Se a consciência te acusa, repara a falta enquanto é cedo.

Chispa de fogo gera incêndio.

Leve alfinetada prepara a infecção.

Humildade é caminho.

Entendimento é remédio.

Perdão é profilaxia.

Muitas vezes, loucura e crime, dispersão e calamidade nascem de pequeninos desajustes acalentados.

Não hesites rogar desculpas, nem vaciles apagar-te, a favor da concórdia, com aparente desvantagem particular, porquanto, na maioria dos casos de incompreensão, em que nos imaginamos sofredores e vítimas, os verdadeiros culpados somos nós mesmos.

Emmanuel

54

APLICAÇÃO ESPÍRITA

Um pensamento relativo à aplicação espírita na existência.

Aprendemos no cotidiano que não se movimenta a usina se lhe dermos vinagre ao invés de combustível; a dona de casa não consegue um bolo simples, deitando alho em lugar de fermento. Nas menores utilidades da vida, cada ingrediente deve ajustar-se à posição própria, com especificação de medida e atributo.

Assim também Espiritismo e plano individual: indispensável a entrosagem de um com o outro. Fidelidade ao dever. Diligência no trabalho. Rendimento no bem. Fé raciocinada. Lógica nas decisões. Paciência na dor. Serenidade nas provas.

Compreensão e fraternidade. Em suma, o conhecimento espírita elevado assemelha-se, de algum modo, à máquina perfeita. Entretanto, qual acontece à máquina valiosa, o conhecimento de alto gabarito somente vale se funciona e como funciona.

ALBINO TEIXEIRA

55

ANJOS DESCONHECIDOS

Há guardiães espirituais que te apoiam a existência no plano físico e há tutores da alma que te protegem a vida na Terra mesmo.

Frequentemente, centralizas a atenção nos poderosos do dia, sem ver os companheiros anônimos que te ajudam na garantia do pão. Admiras os artistas renomados que dominam nos cartazes da imprensa e esqueces facilmente os braços humildes que te auxiliam a plasmar, no santuário da própria alma, as obras primas da esperança e da paciência. Aplaudes os heróis e tribunos que se agigantam nas praças, todavia, não te recordas daqueles que te sustentaram a infância, de modo a desfrutares as oportunidades que hoje te felicitam.

Ouves, em êxtase, a biografia de vultos famosos e quase nunca te dispões a conhecer a grandeza silenciosa de muitos daqueles que te rodeiam, na intimidade doméstica, invariavelmente dispostos a te estenderem generosidade e carinho.

Homenageia, sim, os que te acenam dos pedestais que conquistaram, merecidamente, à custa de inteligência e trabalho; contudo, reverencia também aqueles que talvez nada te falem e que muito fizeram e ainda fazem por ti, muitas vezes ao preço de sacrifícios pungentes.

São eles pais e mães que te guardaram o berço, professores que te clarearam o entendimento, amigos que te guiaram a fé e irmãos que te ensinaram a confiar e servir... Vários deles jazem agora, na retaguarda, acabrunhados e encanecidos, experimentando agoniada carência de afeto ou sentindo o frio do entardecer; alguns prosseguem obscuros e devotados, no amparo às gerações que retomam a lide terrestre, enquanto outros muitos, embora enrugados e padecentes, quais cireneus do caminho, carregam as cruzes dos semelhantes.

Pensa nesses anjos desconhecidos que se ocultam na armadura da carne, e, de quando em quando unge-lhes o coração de reconhecimento e alegria. Para isso, não desejam transfigurar-se em fardos nos teus ombros. Quase sempre, esperam de ti, simplesmente, leve migalha das sobras que atiras pela janela ou uma frase de estímulo, uma prece ou uma flor.

EMMANUEL

56

INFLUÊNCIA ESPÍRITA

Ninguém dá unicamente aquilo que entrega ou cede, a benefício dos semelhantes. Cada criatura, através de leis inalienáveis que governam a vida, é obrigada a dar de si própria, nas situações essenciais do cotidiano, como sejam:

no pensamento;

na palavra;

no gesto;

no lar;

na comunidade;

na profissão;

no trabalho;

na tarefa;

no negócio;

na saúde;

na doença;

na administração;

na subalternidade.

Em ação espírita, somos compreensivelmente chamados a dar todo o apoio material e socorro moral aos irmãos em necessidade, conforme os recursos que usufruímos. Acima de tudo, porém, o espírita é convocado a melhorar a Vida e o Planeta pela cooperação da influência.

Revisemos, pois, dia a dia, nossas atitudes pessoais, observando como distribuímos as parcelas espirituais de nós mesmos, seja no que fazemos ou no que somos.

Espiritismo é orientação certa e orientação certa se define como sendo o caminho certo de auxiliar e o jeito certo de viver.

ALBINO TEIXEIRA

57

PERDOADOS, MAS NÃO LIMPOS

Em nossas faltas, na maioria das vezes, somos imediatamente perdoados, mas não limpos.

Fomos perdoados pelo fel da maledicência, mas a sombra que tencionávamos esparzir, na estrada alheia, permanece dentro de nós por agoniado constrangimento.

Fomos perdoados pela brasa da calúnia, mas o fogo que arremessamos à cabeça do próximo passa a incendiar-nos o coração.

Fomos perdoados pelo corte da ofensa, mas a pedra atirada aos irmãos do caminho volta, incontinenti, a lanhar-nos o próprio ser.

Fomos perdoados pela falha de vigilância,

mas o prejuízo em nossos vizinhos cobre-nos de vergonha.

Fomos perdoados pela manifestação de fraqueza, mas o desastre que provocamos é dor moral que nos segue os dias.

Fomos perdoados por todos aqueles a quem ferimos, no delírio da violência, mas, onde estivermos, é preciso extinguir os monstros do remorso que os nossos pensamentos articulam, desarvorados.

Chaga que abrimos na alma de alguém pode ser luz e renovação nesse mesmo alguém, mas será sempre chaga de aflição a pesar-nos na vida.

Injúria aos semelhantes é azorrague mental que nos chicoteia.

A serpente leva consigo a peçonha que veicula.

O escorpião carrega em si próprio a carga venenosa que ele mesmo segrega.

Ridicularizados, atacados, perseguidos ou dilacerados, evitemos o mal, mesmo quando o mal assuma a feição de defesa, porque todo mal que fizermos aos outros é mal a nós mesmos.

Quase sempre aqueles que passaram pelos golpes de nossa irreflexão já nos perdoaram incondicionalmente, fulgindo nos planos superiores; no entanto, pela lei de correspondência, ruminamos, por tempo indeterminado, os quadros sinistros que nós mesmos criamos.

Cada consciência vive e envolve entre os seus próprios reflexos.

É por isso que Allan Kardec afirmou, convincente, que, depois da morte, até que se redima no campo individual, "para o criminoso, a presença incessante das vítimas e das circunstâncias do crime é suplício cruel".

EMMANUEL

58

TELAS DE SERVIÇO

O lavrador chega ao campo e, em muitos casos, observa no plano da tarefa a cumprir:

a secura do solo,

a lama do charco,

a brutalidade do espinheiro,

a praga na plantação,

a enfermidade nos animais.

Contudo, se acordado para a execução dos compromissos que lhe competem, atira-se à atividade pacífica com o propósito de trabalhar e servir.

Também na lavoura do Cristo, muitas vezes o seareiro do bem encontra no quadro da própria ação:

a aspereza de muitas almas,

o vício triunfante,

os golpes da ingratidão,

a hostilidade ambiente,

a sombra da ignorância,

a necessidade das criaturas.

Entretanto, se ele está consciente das obrigações que lhe cabem, não perde tempo com desânimo e queixa, desespero ou censura, porque abraça o trabalho, em silêncio, e passa automaticamente a servir.

Albino Teixeira

59

PEQUENO APÓLOGO

Com respeito à luz do Evangelho que nos compete estender, a favor de nós mesmos, contou velho sábio antiga lenda que buscaremos sintetizar.

A certo país vergastado de fome, concedeu o Divino Pomicultor valiosas sementes de amor e redenção, cujo trato esmerado traria a toda gente benefícios essenciais.

As sementes, no entanto, robustas e enceleiradas, revelavam-se tão belas que provocaram aluviões de anseios e ideias, palavras e teorias naqueles corações em necessidade.

Em êxtase, a multidão consagrou-lhes tempo e cuidado no que se referia à pura contemplação.

Botânicos eminentes vieram de muito longe

examinar-lhes a contextura, escrevendo enormes tratados quanto às virtudes de que se faziam portadoras. Geneticistas de prol auscultaram-lhes os princípios, destacando-lhes a nobreza. Pintores exímios fixaram-lhes a imagem preciosa, escultores imitaram-lhes a forma divina, poetas cantaram-lhes a beleza, oradores dedicaram-lhes primorosos discursos e longas turbas de crentes agradecidos ajoelharam-se ante o excelso legado, em adoração mística e perene...

Enquanto isso, passou o tempo, multiplicando os casos de inanição e morte.

Vendo que a nação operosa e fiel desfalecia à míngua de socorro e alimento, mandou o Eterno Amigo que viessem ao campo lavradores humildes que as plantassem ao preço de fadiga e suor, para que o pão e a fé restaurassem a vida.

No apólogo singelo, notamos a aflição da palavra excessiva, sem exemplo que ajude.

Saibamos, pois, na Terra, cultivar o Evangelho em nossos próprios atos, porque somente assim, à custa de trabalho e esforço constante, faremos rebrilhar a palavra do Cristo, valorizando o verbo perante o mundo enfermo que roga paz e luz.

EMMANUEL

60

FENÔMENOS MEDIÚNICOS

Os fenômenos mediúnicos a se evidenciarem, inevitáveis, nas estradas do homem, guardam expressiva similitude com a presença das águas nos caminhos da Terra.

Águas existem por toda a parte.

Possuímo-las cristalinas em fontes recamadas de areia, pesadas de barro nos rios que desgastam o solo, tisnadas na sarjeta em que rolam depois da chuva, lodacentas no charco, furtadas de represas, concentradas em lagoas infectas, amargas em poços largados no esquecimento, semienvenenadas nos esgotos de lama...

Todas elas, contudo, podem ser decantadas, medicadas, purificadas e renovadas para servir.

Assim também os fenômenos mediúnicos.

Venham de onde vierem, assinalam-se por determinado valor.

Entretanto, é preciso não esquecer que devem ser examinados, raciocinados, interpretados e compreendidos para mostrarem proveito justo.

Para eles e junto deles, todos nós temos a Doutrina Espírita por filtro de tratamento.

À vista disso, não desprezeis fato algum, mas, igualmente, em tempo algum não vos canseis de estudar.

Albino Teixeira

61

A QUEM MAIS TEM

A quem mais ama – amor mais amplo.
A quem mais despreza – mais se evita.
A quem mais serve – maior auxílio.
A quem desajuda – embaraço maior.
A quem aprende – firme lição.
A quem foge do ensino – experiência mais dura.
A quem trabalha – grande influência.
A quem busque a preguiça – tédio maior.
A quem ampara – vasto socorro.
A quem prejudica – larga aflição.

Caminho Espírita

A quem perdoa – desculpa extensa.

A quem critica – maior censura.

A quem tenha razão – mais direito.

A quem escasseie o direito – mais compromisso.

A quem desanime – sombra envolvente.

A quem persista – luz de esperança.

A quem se lembra – memória pronta.

A quem esquece – total olvido.

A quem adoça – mel na passagem.

A quem amarga – fel no caminho.

Quem planta recolhe segundo a sementeira.

Recebemos, por isso, em maior porção daquilo que mais dermos.

Eis por que nos disse o Senhor: – "a quem mais tem mais se lhe dará", porquanto, de tudo o que entregarmos à existência, receberemos, de volta, em medida cheia e recalcada.

EMMANUEL

62

CARIDADE – A NOSSA BANDEIRA

Meus filhos:

Jesus - o nosso mestre.

Amor – o nosso clima.

Caridade – a nossa bandeira.

Serviço – a nossa bênção.

Sim, filhos do coração,

quanto nos seja lícito,

tanto quanto pudermos,

seja com quem for,

em toda parte,

em qualquer tempo,

à frente de todos,

ante quaisquer circunstâncias,

por todos os modos justos,

nos mínimos gestos,

sem restrições de qualquer natureza,

como nos seja possível,

através dos sentimentos,

pelo veículo das ideias,

pela forma das palavras,

e pela força das ações,

levantemos o nosso estandarte de luz!...

Que, em tudo, a caridade,

por presença de Cristo,

resplandeça de nós para com os outros,

com o esquecimento de nós próprios,

para que o Reino Eterno

do Pai Celestial,

seja instalado, enfim, em nossos corações,

agora e para sempre.

FABIANO

63

VOLTARÁS POR AMOR

Ante a fome de paz que te atormenta os dias, decerto já sonhaste com a disposição de repousar, além da morte, recusando o cálice de angústia que a existência carnal te sugere...

Cultivas a virtude e aspiras, sem dúvida, ao prêmio natural que o trabalho irrepreensível te granjeou.

Sofres e reclamas consolo...

Choras e pretendes alívio...

Entretanto, para lá das fronteiras terrestres, o amor te fulgirá sublime, no coração, como estrela surpreendente, mas ouvirás os soluços daqueles que deixaste sob a névoa do adeus...

Escutarás as preces de tua mãe e os rogos de teus filhos, quais poemas de lágrimas a desfalecerem de dor sobre a tua cabeça invadida de novas aspirações e tocada de novos sonhos.

Compreenderás a renúncia com mais segurança e exercerás o perdão sem dificuldade...

A consciência tranquila ser-te-á uma bênção; contudo, o anseio de ajudar fremirá no teu peito inspirando-te a volta.

E reconhecendo que o céu verdadeiro não existe sem a alegria daqueles que mais amamos, regressarás por amor ao campo da luta para novamente experimentar e sofrer, esperar e redimir, adquirindo o poder para ascensões mais altas, porquanto, pela força do bem puro, descobrirás com o Cristo de Deus a luz da abnegação que nos impele sempre a horizontes mais vastos, repetindo também com Ele, aos companheiros de aprendizado, a divina promessa:

– "Em verdade estarei convosco até ao fim dos séculos", porque não há felicidade para os filhos acordados de Deus, sem que todos os filhos de Deus entrem efetivamente na posse da felicidade real.

EMMANUEL

64

DISCERNIMENTO

Alimentar e alimentar, a larva também se alimenta, carregando aperfeiçoado sistema digestivo.

Vestir e vestir, certas aves também ostentam plumagens que causam inveja aos melhores figurinistas.

Procriar e procriar, o tatu também procria, utilizando primorosos recursos genésicos.

Obedecer e obedecer, o cão também obedece, quase sempre demonstrando fidelidade até ao sacrifício.

Triunfar e triunfar, também surgem cavalos, cujas vitórias no prado são celebradas com regozijo público.

Sofrer e sofrer, o boi também paga os mais elevados impostos de sofrimento, no instituto da evolução.

Imitar e imitar, o símio também imita com extrema habilidade muitas das manifestações visíveis da inteligência.

Organizar e organizar, a abelha e a formiga também edificam verdadeiros impérios de harmonia coletiva.

Em verdade, o homem não se pode orgulhar de semelhantes operações que constituem igualmente apanágio do reino animal, conquanto seja obrigado a atender, naturalmente, às necessidades primordiais da existência.

Razão, por isso, é o poder de educar-se alguém para que a Vida se eduque em torno. Discernimento é conquista sagrada.

Estudemos e estudemos.

Quem recebe uma fé raciocinada para o coração e para a cabeça, qual acontece na Doutrina Espírita ajustada ao Evangelho de Jesus, adquiriu o mais alto instrumento que se pode obter do mundo para construir em si mesmo a elevação do próprio destino.

ALBINO TEIXEIRA

65

Ressentimento

O ressentimento não é somente um peso morto, à feição de chumbo na flama alígera de nossa prece, compelindo-a a descer, anulada, nas sombras da frustração, e, em verdade, nem é apenas o tóxico que envenena a membrana gástrica, provocando moléstias de abordagem difícil...

É também o fermento da treva que, a exteriorizar-se de melindres inconsequentes, avança qual projétil invisível sobre companheiros invigilantes, debuxando as linhas de lama em que a maledicência e a calúnia proliferam sem peias, ferindo almas e consciências, tanto quanto depredando ou destruindo instituições generosas e veneráveis que nos rogam compreensão e devotamento a fim de que produzam redenção e progresso no campo da Humanidade.

Cada vez que o desgosto te bata à porta, aprende a esquecê-lo com toda a alma.

Lembra-te de que todos somos devedores insolventes da Tolerância Divina e que, por isso mesmo, em nossas imperfeições e fraquezas, não prescindimos da caridade recíproca, a fim de que nos mantenhamos de pé.

Jamais olvidemos quão profunda é a nossa dificuldade para retificar em nós mesmos as qualidades que nos desagradam nos outros e banhemos o pensamento no grande amor, para que a fraternidade real nos abençoe o caminho.

Seja qual for o grau da ofensa recebida, não te esqueças de que somente a fonte do perdão irrestrito possui bastante poder para extinguir o lodo da miséria e da ignorância, porquanto, pretendendo fazer justiça, com a força das próprias mãos, invariavelmente caímos na delinquência e no desespero que nos agravam a detenção nas cadeias do crime ou nas algemas da crueldade.

Emmanuel

66

LIBERTAÇÃO ESPIRITUAL

A criatura terrestre pode realmente:

aproveitar-se de leis que não subscreve;

manobrar vantagens que não conquista;

cruzar caminhos que não talha;

habitar a casa que não levanta;

comer o pão que não produz;

trajar o fio que não tece;

ampliar processos de reconforto que não inventa;

colaborar na execução de programas que não planeia;

utilizar veículos que não fabrica;

medicar-se com elementos que desconhece...

Todas essas operações consegue a pessoa humana efetuar, ignorando, muitas vezes, onde o bem, onde o mal, onde a sombra, onde a luz.

Devemos convencer-nos, no entanto, de que, para libertar-se, efetivamente, diante da vida, a criatura terrestre há de raciocinar com a própria cabeça.

Ninguém pode viver a toda hora, com discernimento emprestado.

É por isso que somos chamados, na Doutrina Espírita, a estudar instruindo-nos, e, pela mesma razão, advertiu-nos Jesus de que apenas o conhecimento da verdade nos fará livres.

Se aspiramos, assim, à conquista da emancipação espiritual para a imortalidade, é forçoso que cada um de nós desenvolva, com esforço próprio, as sementes da verdade que traz consigo.

ALBINO TEIXEIRA

67

EM NÓS

Paciência incessante em todas as dores e em todas as circunstâncias, a fim de que venhamos a transpor com segurança as dificuldades que vigem por fora, mas também cultivar paciência conosco, para construirmos a nobilitação que nos é necessária. Com isso, não queremos dizer que devamos acalentar as nossas fraquezas ou aplaudir as próprias faltas, mas sim que não nos cabe interromper a edificação, no mundo íntimo, quando surjam falhas em nós, no serviço do bem que nos toca fazer.

Frequentemente, fugimos envergonhados, desertando das tarefas de elevação, martelando confissões, qual se pregássemos esponjas de farpas no coração, para que nos firamos a toda hora.

E repetimos a cada instante:

– Verifiquei que não presto...

– Tentei melhorar-me e não pude...

– Não me peçam voltar ao serviço, que não sou santo...

– Larguei a oração porque tenho lama no pensamento...

– Sou um poço de vermes...

– Não quero perturbar os outros com os meus defeitos...

– Sou um monte de erros...

Há quem recorra ao rifão popular: "pau que nasce torto tem a sombra torta", esquecendo-se de que existem milhares de troncos, tortos na configuração externa, guardando seiva robusta e sadia, na produção dos frutos com que alimentam as criaturas.

Cair é acidente próprio dos que caminham.

Refocilar-se no chão é próprio dos que se animalizam.

Aprendamos a emendar, corrigir, restaurar, refazer...

Nos derradeiros ensinamentos, Jesus não se esqueceu de induzir-nos à calma, recomendando aos seguidores: "na paciência, possuireis as vossas almas".

Isso realmente significa que precisamos de paciência, não só para angariar a simpatia e a colaboração das almas alheias, mas para educar também as nossas.

EMMANUEL

68

EDIFICAÇÃO

Tudo o que é útil e tudo o que é nobre na Terra exige preparação.

Casa alguma se ergue sem que elemento a elemento se ajuste na concretização do plano estabelecido.

Campo cultivado reclama operações sistemáticas de limpeza e adubação, amparo e plantio.

Roupa que veste passou por múltiplas fases de trabalho desde a produção do fio singelo.

O pão mais simples não aparece, fora dos arranjos indispensáveis.

O livro, para surgir, transmitindo informações e conhecimentos, roga gestação mental e esforço de composição, letra a letra.

A sinfonia que aprimora as fontes da inspiração, requisita combinações e estudos diversos, para que os sons se harmonizem, nota por nota.

Certifiquemo-nos de que as probabilidades da mensagem sem fio vibravam na Terra, antes de Marconi.

A gravitação era realidade, antes de Newton.

Todos os ingredientes, destinados ao progresso e à civilização, ao aperfeiçoamento e à proteção da vida física, jazem potencialmente nos reservatórios da natureza.

O homem, porém, apenas desfruta aquilo que ele próprio analisou e construiu.

Assim também, no terreno do espírito.

Todos os recursos necessários à educação e à sublimação da individualidade, à criação intelectual e à revelação do plano extrassensorial, estão contidos, em possibilidades virtuais, nas esferas do pensamento.

Ninguém espere milagres depois da morte.

Na Terra ou além da Terra, cada pessoa somente dispõe, em si e fora de si, da cultura e do merecimento que edificou.

Albino Teixeira

69

TUA PROSPERIDADE

Tua prosperidade não transparece unicamente da face material do teu dinheiro, das tuas posses, da tua casa, dos teus bens.

Ela se compõe das experiências que ajuntaste, de alma transida, ante as incompreensões que te cercaram as horas, com as quais saberás esquecer amarguras e ofensas.

Forma-se dos conhecimentos nobilitantes que amealhaste pelo estudo perseverante, com que te habilitas ao privilégio de minorar as fadigas e o sofrimento dos irmãos que te acompanham à retaguarda, sem luz que os norteie...

Ergue-se das palavras temperadas de prudência e de amor que as provações atravessadas com paciência te acumularam no escrínio da alma, transfigurando-te em socorro aos caídos...

Eleva-se dos gestos de compaixão, que amontoaste à custa das disciplinas a que te submeteste em favor dos que amas, pelas quais adquiriste o tato capaz de arredar a discórdia no nascedouro...

Avoluma-se nas migalhas de tempo, que sabes extrair das obrigações retamente cumpridas, para que te não falte a oportunidade de trabalhar no amparo aos menos felizes...

Tua prosperidade brilha nos exemplos de fraternidade com que dignificas a vida nas demonstrações de altruísmo com que suprimes a crueldade, nos testemunhos de fé renovadora com que levantas os tíbios ou nos atos de humildade com que desarmas a delinquência.

Reparte com o próximo os valores que transportas no espírito.

Aquele que verdadeiramente serve distribui sem nunca empobrecer-se.

Quem mais deu e quem mais dá sobre a Terra é Jesus Cristo, cuja riqueza verte, infinita, dos tesouros do coração.

EMMANUEL

70

PRODÍGIOS DA FÉ

Esquecer agravos.

Apagar injúrias.

Desprender-se das posses materiais em benefício dos outros.

Reconhecer as próprias fraquezas.

Praticar a humildade.

Abençoar os que nos firam.

Amar os adversários.

Orar pelos que nos perseguem e caluniam.

Converter dores em bênçãos.

Aceitar as provações da vida com paciência e bom ânimo.

Transformar os golpes do mal em oportunidades para fazer o bem.

Servir ao próximo em qualquer circunstância.

Jamais duvidar da presença de Deus.

Semelhantes atitudes são prodígios da fé; busquemos sustentá-las com todo o nosso coração, recordando as palavras do Mestre a cada enfermo que Seu Divino Amor levantava e restaurava nos caminhos do mundo: "a tua fé te curou".

ALBINO TEIXEIRA

71

Diante da Consciência

A vontade do Criador, na essência, é, para nós, a atitude mais elevada que somos capazes de assumir, onde estivermos, em favor de todas as criaturas.

Que vem a ser, porém, essa atitude elevada que estamos chamados a abraçar, diante dos outros? Sem dúvida, é a execução do dever que as Leis do Eterno Bem nos preceituam para a felicidade geral, conquanto o dever adquira especificações determinadas, na pauta das circunstâncias.

Vejamos alguns dos nomes que o definem, nos lugares e condições em que somos levados a cumpri-lo:

na conduta – sinceridade;

no sentimento – limpeza;

na ideia – elevação;

na atividade – serviço;

no repouso – dignidade;

na alegria – temperança;

na dor – paciência;

no lar – devotamento;

na rua – gentileza;

na profissão – diligência;

no estudo – aplicação;

no poder – liberalidade;

na afeição – equilíbrio;

na corrigenda – misericórdia;

na ofensa – perdão;

no direito – desprendimento;

na obrigação – resgate;

na posse – abnegação;

na carência – conformidade;

na tentação – resistência;

na conversa – proveito;

no ensino – demonstração;

no conselho – exemplo.

Em qualquer parte ou situação, não hesites, quanto à atitude mais elevada a que nos achamos intimados pelos Propósitos Divinos, diante da consciência. Para encontrá-la, basta procures realizar o melhor de ti mesmo, a benefício dos outros, porquanto, onde e quando te esqueces para servir em auxílio ao próximo, aí surpreenderás a vontade de Deus que, sustentando o Bem de Todos, nos atende ao anseio de paz e felicidade, conforme a paz e a felicidade que oferecemos a cada um.

EMMANUEL

72

ORAÇÃO E SERVIÇO

Oração é requerimento da criatura ao Criador.

Serviço é condição que a lei estabelece para todas as criaturas, a fim de que o Criador lhes responda.

Meditação estuda.

Trabalho realiza.

Observemos a propriedade do asserto em quadros simples.

Semente nobre é pedido silencioso da Natureza a que se faça verdura e pão, mas se o cultivador não desenvolve esforço conveniente, a súplica viva desaparece.

Livro edificante é apelo sublime do espírito a que se ergam instrução e cultura, mas, se o homem não lhe perlustra as folhas no aprendizado, a sábia rogativa fenece, em vão.

Música, ainda mesmo divina, se mora exclusivamente na pauta, é melodia que não nasceu.

Invenção sem experimento é raciocínio morto.

Oremos, meus irmãos, mas oremos servindo.

Construção correta não se concretiza sem planta adequada.

Mas a planta, por mais bela, sem construção que lhe corresponda, será sempre um sonho mumificado em tábuas de geometria.

Albino Teixeira

73

LIMPEZA

Onde o bem se mostre por edificação do bem de todos, a limpeza comparece na base de todos os serviços.

A fim de que produza, com segurança, a gleba aguarda o concurso da enxada contra o crescimento da erva daninha.

O laboratório reclama instrumentos esterilizados para que o remédio alcance os fins a que se destina.

O lar espera faxina diária, na preservação da saúde dos moradores.

O livro, verdadeiramente nobre, demanda

rigorosa triagem para que se lhe evite, no texto, o prejuízo dos termos chulos.

Nas providências mais simples da vida, surpreendemos semelhante necessidade.

Alimento sadio requisita seleção de produtos.

Água, para servir, quer filtragem.

Vias públicas solicitam esgotos.

Nas mesmas circunstâncias, diante das posições desagradáveis da alma, que, de fato, equivalem a perturbações e moléstias obscuras da mente, é necessário saibamos usar a lixívia da paciência, aclarando raciocínio e renovando emoções, definindo atitudes e policiando palavras, na certeza de que toda cura espiritual exige a limpeza do pensamento.

ALBINO TEIXEIRA

74

PACIÊNCIA E NÓS

Quando as dificuldades atingem o apogeu, induzindo os companheiros mais valorosos a desertarem da luta pelo estabelecimento das boas obras, e prossegues sob o peso da responsabilidade que elas acarretam, na convicção de que não nos cabe descrer da vitória final...

Quando os problemas se multiplicam na estrada, pela invigilância dos próprios amigos, e te manténs, sem revolta, nas realizações edificantes a que te consagras...

Quando a injúria te espanca o nome, procurando desmantelar-te o trabalho, e continuas fiel às obrigações que abraçaste, sem atrasar o serviço com justificações ociosas...

Quando tentações e perturbações te ameaçam as horas, tumultuando-te os passos, e caminhas à frente, sem reclamações e sem queixas...

Quando te é lícito largar aos ombros de outrem a carga de atribuições sacrificiais que te assinala a existência, e não te afastas do serviço a fazer, entendendo que nenhum esforço é demais em favor do próximo...

Quando podes censurar e não censuras, exigir e não exiges...

Então, terás levantado a fortaleza da paciência no reino da própria alma.

Nem sempre passividade significa resignação construtiva.

Raramente pode alguém demonstrar conformidade, quando se encontre sob os constrangimentos da provação.

Paciência, em verdade, é perseverar na edificação do bem, a despeito das arremetidas do mal, e prosseguir corajosamente cooperando com ela e junto dela, quando nos seja mais fácil desistir.

EMMANUEL

75

O SINAL ESPÍRITA

Quando a pessoa entrou no Espiritismo, é fácil verificar: basta perquirir um fichário ou escutar uma indicação. Entretanto, a fim de positivar se o Espiritismo entrou na pessoa, é indispensável que a própria criatura faça menção disso, através de manifestações evidentes.

Vejamos dez das inequívocas expressões do sinal espírita na individualidade, que sempre se representa pelo designativo "mais", nos domínios do bem:

    mais serviço espontâneo e desinteressado aos semelhantes;

    mais empenho no estudo;

    mais noção de responsabilidade;

mais zelo na obrigação;

mais respeito pelos problemas dos outros;

mais devotamento à verdade;

mais cultivo de compaixão;

mais equilíbrio nas atitudes;

mais brandura na conversa;

mais exercício de paciência.

Ser espírita de nome, perante o mundo, decerto que já significa trazer legenda honrosa e encorajadora na personalidade, mas, para que a criatura seja espírita, à frente dos Bons Espíritos, é necessário apresentar o sinal espírita da renovação interior, que, ante a Vida Maior, tem a importância que se confere na Terra às prerrogativas de um passaporte ou ao valor de uma certidão.

ALBINO TEIXEIRA

76

PENSE NISSO

Se você considerasse as provações e as desvantagens do ofensor...

Se experimentasse na própria pele o processo obsessivo do companheiro caído em tentação...

Se você carregasse a sombra da ignorância, tanto quanto aquele que erra...

Se sofresse a dificuldade do amigo que lhe não pode atender aos desejos...

Se estivesse doente, qual a pessoa que procura ser agradável sem consegui-lo...

Se você fosse uma das criaturas, cuja segurança depende do seu bom humor...

Se conhecesse todas as necessidades de quem precisa da sua cooperação...

Se percebesse em si mesmo o esgotamento daquele que serviu até o extremo cansaço e agora já não lhe pode ser útil...

Se meditasse nas consequências de sua irritação ou de sua cólera...

Se você refletisse na caridade da paz e da alegria, em favor dos outros, que lhe capitalizará, cada vez mais, a própria felicidade, certamente que você nunca perderia a paciência e saberia trazer no coração e nos lábios a boa palavra e o sorriso fraterno por bênçãos incessantes de Deus.

ANDRÉ LUIZ

77

FÉRIAS ESPÍRITAS

Dedicamos aos companheiros espíritas algumas sugestões para o tempo de férias.

※

Viajar, se possível, no rumo de instituição consagrada à assistência, cooperando, por alguns dias, no tratamento de irmãos em provas maiores que as nossas, como sejam os obsidiados em posição difícil ou os doentes semidesamparados.

※

Devotar-se à pregação ou à conversação doutrinária, nos lares de caridade pública, onde estejam irmãos hansenianos, tuberculosos ou portadores de moléstias que requisitem segregação.

※

Auxiliar, de algum modo, aos que jazem nos cárceres.

※

Ensinar os princípios espíritas evangélicos, nas organizações doutrinárias mais humildes, comumente sediadas na periferia de cidades ou vilas, colaborando na sementeira da Nova Revelação.

※

Executar um programa de visitas fraternas aos paralíticos, cegos, enfermos esquecidos ou agonizantes no local de residência.

※

Observar com respeito e discrição o ambiente doméstico das viúvas em abandono, enumerando sem alarde as necessidades materiais que aí se destaquem e atendendo-as, quanto seja possível.

※

Contribuir com algum serviço pessoal para a segurança e conforto do templo espírita que nos beneficia quais sejam a pintura ou renovação de paredes, a restauração de utilidades, a reparação de livros edificantes ou tarefas concernentes à ordem e à limpeza em geral.

*

Reunir material de instrução doutrinária, tais como jornais e impressos espíritas, distribuindo-os através de prisões e hospitais, onde permaneçam irmãos desejosos de mais amplos conhecimentos.

*

Costurar para os necessitados, principalmente no sentido de melhorar a rouparia de orfanatos, creches e lares outros de assistência espírita-cristã.

*

Preparar o enxoval para algum pequenino, em vias de renascer nos distritos de penúria e sofrimento.

*

Criar a alegria de um enfermo, largado ao próprio infortúnio, ou de uma criança que a provação situou em constrangedoras necessidades.

*

Pense nas suas férias e não permita que a sua oportunidade de elevação venha a escapar.

ALBINO TEIXEIRA

78

UNICAMENTE DE TI

Diante do serviço do bem, não afirmes "não posso" e não digas "nada sei".

Lembra-te de que no curso dos dias, a se repetirem no tempo, cada hora pode trazer-nos sempre nova lição.

E há tarefas, na experiência, cuja solução depende unicamente de ti.

Nem dos mestres de teu caminho...

Nem dos amados de tua alma...

Nem dos conselheiros de tua fé...

Nem dos heróis de teu culto...

Nem dos benfeitores desencarnados...

Nem dos amigos que te rodeiam...

Unicamente de ti mesmo...

A sós contigo e ao lado dos credores e devedores de tua marcha...

É o chamamento imperioso da renúncia no lar, é o dever no campo profissional em que os pequenos sacrifícios gravam a ficha de tua honra, é o necessitado a rentear contigo na via pública, suplicando-te amparo, é o amigo a quem podes pessoalmente desculpar, sempre que haja uma falta a ser esquecida, é a criança que te pede um minuto de apoio, é o espírito em sombra, a rogar-te leve gota de luz, através da palavra tolerante e afetuosa...

Não olvides, assim, que, se há programa de caridade a luzir para todos, há um apelo da Lei de Deus a ti somente, para que exercites a sublime virtude com tua esposa ou com teu esposo, com teu filho ou com teu amigo, com teu desafeto ou com teu devedor...

E atendendo, em silêncio, ao convite celeste, a que se faça o bem que o mundo em torno espera agora unicamente de ti, acordarás, mais tarde, na Beneficência Divina, de coração convertido em astro de entendimento, a brilhar para a vida em sereno esplendor.

EMMANUEL

79

PROGRAMA ESPÍRITA

Reconhecer no berço um livro que se abriu para uma conta nova.

Aceitar cada dia por página, ante o Céu que nos grave o melhor.

Escriturar valor, benevolência, fé, bondade e compreensão sobre as linhas das horas.

Observar que a dor é o remédio da vida para retificar os nossos próprios erros.

Viver e trabalhar pelo câmbio do amor.

Dar tudo o que há de bom por tudo o que há de mau.

Usar a caridade a começar de casa.

Ser socorro tranquilo onde lavrem paixões.

Enfeitar cada espinho em rosas de esperança.

Ajudar sem pedir compensação nenhuma.

Jamais perder na estrada a visão do otimismo.

Esquecer toda ofensa e envolver o ofensor nas vibrações da paz que a oração entretece.

Valer-se do presente e elevar o porvir.

Eis o programa do espírita que tem, na forja do trabalho, a divisa do bem: estudar, renovar-se, aprender e servir.

Albino Teixeira

80

ORAÇÃO DO SERVO IMPERFEITO

Senhor!...

Dura é a pedra, entretanto, com a tua sabedoria, temo-la empregada em obras de segurança.

Violento é o fogo, todavia, sob a tua inspiração, foi ele posto em disciplina, em auxílio da inteligência.

Agressiva é a lâmina, no entanto, ao influxo de teu amparo, vemo-la piedosa, na caridade da cirurgia.

Enfermiço é o pântano, contudo, sob tua benevolência, encontramo-lo convertido em celeiro de flores.

Eu também trago comigo a dureza da pedra,

a violência do fogo, a agressividade da lâmina e a enfermidade do charco, mas com a tua bênção de amor, posso desfrutar o privilégio de cooperar na construção do teu reino!... para isso, porém, Senhor, concede-me, por acréscimo de misericórdia, a felicidade de trabalhar e ensina-me a receber o dom de servir.

Albino Teixeira

"... em mim e para mim a inovação que devo fazer em minha própria alma tem sido duramente difícil e sou sempre um Chico Xavier lutando para criar um Chico Xavier renovado em Jesus e que, pelo que vejo, está muito longe ainda de aparecer como espero e preciso."

Trecho extraído do livro *Encontros no Tempo*, Francisco Cândido Xavier/ Emmanuel, edição IDE Editora.

DEPOIMENTO DE FRANCISCO CÂNDIDO XAVIER

Entrevista concedida ao Jornal *Espiritismo e Unificação* de Santos/SP, em sua edição de junho de 1977, editada no livro *Encontros no Tempo*, págs. 57 a 59. Edição IDE Editora.

Gostaríamos de um depoimento pessoal seu, acerca das dificuldades que enfrentou nesses 50 anos de mediunidade. Isso porque, muitas vezes, julga-se que um médium como você, um líder ou dirigente, é um ser privilegiado, que não suporta dores e aborrecimentos. Suas palavras poderão ajudar a muitos a suportar pequenos problemas em benefício da causa e de si mesmos.

R – "Nunca me identifiquei na condição de um ser privilegiado. Perdi minha mãe aos cinco janeiros de idade. Fui entregue a um lar estranho ao que me vira nascer, onde, felizmente, apanhei muitas surras. Comecei a trabalhar aos dez anos de idade, numa fábrica de tecidos, onde estive quatro anos. Adoecendo dos pulmões por excesso de pó, ao respirar com meu corpo ainda frágil, passei imediatamente a servir na condição de caixeiro, num pequeno armazém, onde dividia o trabalho entre as vendas e os cuidados com a horta dos proprietários, *num esquema de horários que ia das sete da manhã às nove da noite.*

Em 1931, entrei para o Ministério da Agricultura ao qual servi por trinta e dois anos consecutivos. Adoeci dos olhos, igualmente em 1931 e perdi totalmente a visão do olho esquerdo, há quarenta e seis anos. Já passei por cinco operações cirúrgicas de grande risco; sempre lutei com doenças e conflitos em meu corpo e em minha mente e, por fim, sou agora portador de um perigoso processo de angina, com crises periódicas que me levam a moderar todos os meus hábitos.

Com tantos problemas que vão me ajudando a viver e a compreender a vida, não sei que privilégio a mediunidade teria trazido, em meu favor. Digo assim porque se completo agora 50 anos sucessivos de tarefas mediúnicas ativas, também completei quarenta anos de trabalho profissional intenso, em 1961, de cuja aposentadoria trouxe a consciência de não haver faltado com as minhas obrigações.

E pode crer você que falando a nosso Emmanuel sobre isso, ele me disse não ver qualquer vantagem a meu favor, porque apenas tenho procurado cumprir o meu dever e reconheço, de minha parte, que os meus deveres são imperfeitamente cumpridos."

"P – Qual o caminho mais fácil para alcançar-se a felicidade?

R – Caro amigo, o caminho da felicidade, bem sei qual é. É o caminho que Jesus nos apontou, ensinando-nos 'a amar ao próximo, tal qual Ele mesmo nos ama e nos amou'. Difícil para mim é andar no caminho da felicidade, embora eu saiba que o mapa está no Evangelho do Senhor..."

Trecho extraído do livro *Encontros no Tempo*, Francisco Cândido Xavier/ Emmanuel, edição IDE Editora.

No ano de 1963, Francisco Cândido Xavier ofereceu, a um grupo de voluntários, o entusiasmo e a tarefa de fundarem um Anuário Espírita. Nascia, então, o Instituto de Difusão Espírita - IDE, cujo nome e sigla foram também sugeridos por ele.

A partir daí, muitos títulos foram sendo editados, e o Instituto de Difusão Espírita, entidade assistencial sem fins lucrativos, mantém-se fiel à sua finalidade de divulgar a Doutrina Espírita através da IDE Editora, tendo como foco principal as Obras Básicas da Codificação, sempre a preços populares, além dos seus mais de 300 títulos em português e espanhol, muitos psicografados por Chico Xavier.

O Instituto de Difusão Espírita conta também com outras frentes de trabalho, voltadas à assistência e promoção social, como albergue noturno, acolhimento de migrantes, itinerantes, pessoas em situação de rua, acolhimento e fortalecimento de vínculos para mães e crianças, oficinas de gestantes, confecção de enxovais para recém-nascidos, fraldas descartáveis infantis e geriátricas, assistência à saúde e auxílio com cestas básicas, leite em pó, leite longa vida, para as famílias em situação de vulnerabilidade social, além dos trabalhos de evangelização infantil, mocidade espírita, artes (teatro, música, dança, artes plásticas e literatura), cursos doutrinários e passes.

Este e outros livros da IDE Editora subsidiam a manutenção do baixíssimo preço das **Obras Básicas**, de Allan Kardec, mais notadamente, "O Evangelho Segundo o Espiritismo", edição econômica.

Fundamentos do Espiritismo

1º Existência de Deus.

2º Demonstração da sobrevivência e da imortalidade do Espírito.

3º O princípio da reencarnação, quer dizer, um determinado número de existências, através de vários nascimentos, como uma ferramenta de trabalho, porém, sempre o mesmo Espírito, como único meio de alcançar a evolução e o aperfeiçoamento.

4º Que cada um de nós é o autor de seu próprio destino.

5º Que todos somos irmãos, em espírito e origem, porém em diferentes graus de evolução e conhecimento, de acordo com o progresso espiritual de cada um.

6º Admite a existência de outros mundos habitados, inumeráveis em quantidade e graus de progresso, e que serão, também, nossa morada um dia, quando tivermos avançado no caminho do progresso moral.

7º Promove a caridade, a fraternidade e a solidariedade, como os meios seguros de alcançar a felicidade real, seguindo um dos ensinamentos de Jesus que diz que "somente pelo amor o homem se salvará".

8º Que o verdadeiro espírita é simplesmente e principalmente conhecido por sua transformação moral.

9º O Espiritismo é Filosofia, Ciência e Religião, pois, além de ser uma filosofia disciplinada, racional, e de experiência científica, possui a garantia moral do Evangelho de Jesus, a caminho do verdadeiro objetivo da vida.

Lógica e plena de critérios em seus princípios é a doutrina que responde à necessidade da mente moderna, pois através de seus ensinamentos, facilmente compreensíveis, atende plenamente a todos, sem imposições dogmáticas, mas, sim, com ideias raciocinadas, claras e esclarecedoras.

Para conhecer mais sobre a Doutrina Espírita, leia as Obras Básicas, de Allan Kardec: O Livro dos Espíritos, O Evangelho Segundo o Espiritismo, O Livro dos Médiuns, O Céu e o Inferno e A Gênese.

ide ideeditora.com.br

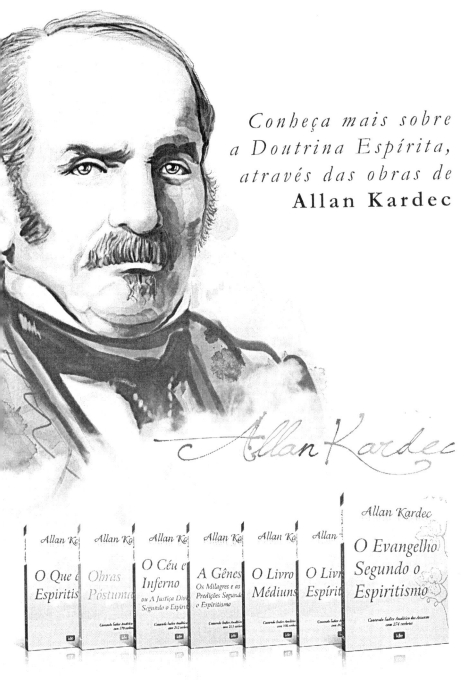

Leia também

Meditações Diárias
Chico Xavier | Bezerra e Meimei

Companheiro
Chico Xavier | Emmanuel

Adolfo BEZERRA DE MENEZES Cavalcanti foi médico em sua última encarnação e dedicado trabalhador em torno da unificação espírita. Mas foram nas atitudes que foi identificado como um verdadeiro cristão; desapegado nas questões materiais e preocupado em auxiliar e amparar os mais necessitados, ficou sendo conhecido como "o médico dos pobres", continuando, na espiritualidade, todo o seu legado de Apóstolo da Caridade junto aos mais humildes.

Irma de Castro Rocha, MEIMEI, na última encarnação, e Blandina, no ano 75, dedicada trabalhadora no amparo e instrução infantil, para as luzes do Evangelho, dedica-se, como Espírito, a intenso trabalho em prol das crianças e dos enfermos.

E este livro encerra uma coletânea de textos desses abnegados benfeitores, sempre em parceria com o grande médium Chico Xavier, proporcionando, ao prezado leitor, momentos de reflexão para uma vida mais feliz dentro dos preceitos do Cristianismo Redivivo.

Há muita gente que te ignora. Entretanto, Deus te conhece. Há quem te veja doente. Deus porém, te guarda a saúde. Companheiros existem que te reprovam. Mas Deus te abençoa. Surge quem te apedreje.
Deus, no entanto, te abraça. Há quem te enxergue caindo em tentação. Deus, porém, sabe quanto resistes. Aparece quem te abandona. Entretanto, Deus te recolhe.
Há quem te prejudique. Mas Deus te aumenta os recursos. Surge quem te faça chorar. Deus, porém, te consola. Há quem te considere no erro. Mas Deus te vê de outro modo. Seja qual for a dificuldade, faze o bem e entrega-te a Deus.

**ISBN: 978-85-7341-461-5 | *Mensagens*
Páginas: 96 | Formato: 14 x 21 cm**

**ISBN: 978-85-7341-585-8 | *Mensagens*
Páginas: 160 | Formato: 14 x 21 cm**

ideeditora.com.br

Acesse e cadastre-se para receber
informações sobre nossos lançamentos.

twitter.com/ideeditora
facebook.com/ide.editora
editorial@ideeditora.com.br

ide

IDE Editora é apenas um nome fantasia utilizado pelo INSTITUTO DE DIFUSÃO ESPÍRITA, entidade sem fins lucrativos, que promove extenso programa de assistência social, e que detém os direitos autorais desta obra.